AF552182

Der LÄRM

Eine Kampfschrift gegen die Geräusche unseres Lebens

Herausgegeben
und mit einem Geleitwort
von *Tilman Vogt*

Mit Essays
von *Magnus Klaue*
und *Jan Thiessen*

FRIEDENAUER PRESSE

Theodor Lessing

Der LÄRM

INHALT

DER HELLHÖRIGE UNRUHESTIFTER

Geleitwort

> *»Es ist schön: natürlich, gesund, elementar zu sein; aber es ist noch viel schöner, sehr differenziert und sehr kompliziert zu sein.«*
> Theodor Lessing

Als Theodor Lessing am 31. August 1933 im tschechoslowakischen Exil von Nationalsozialisten erschossen wurde, war dies das endgültige Ende seines mit aller Energie geführten Kampfes gegen die Kräfte des gesamtgesellschaftlichen Getöses und der Rohheit. Lessing war nach der Machtübernahme der Nazis nach Marienbad geflohen, nachdem ihn die nationalistische Studentenschaft bereits 1926 gezwungen hatte, seine Position als Privatdozent für Pädagogik und Philosophie an der Technischen Hochschule Hannover aufzugeben. Anlass war ein 1925 erschienener Artikel im von ihm regelmäßig mit Texten belieferten *Prager Tagblatt*, in dem er acht Jahre vor dem »Tag von Potsdam« den nationalkonservativen Helden Paul von Hindenburg prophetisch als »treuen Bernhardiner« beschrieben hatte, der sich von den »übelsten und bösesten Naturen der Weltgeschichte« führen lassen würde.[1]

1872 als Sohn einer jüdischen Familie in Hannover geboren und in der Weimarer Republik zu einem der bekanntesten kritischen Publizisten avanciert, der sich für einen undogmatischen Feminismus und Sozialismus aussprach, war sein Status ohnehin immer prekär. Das hasserfüllte Aufbranden innerhalb der Universität mit antisemitischen Boykottaufrufen, Störungen seiner Vorlesungen und dem Ausbleiben fast jeglicher Solidarität vonseiten der Institutsleitung und der Kollegenschaft zeigte, dass die Faust sich bereit machte, die Feder zu brechen, und der Weg in die Katastrophe eingeschlagen wurde.

Lessings schriftstellerisches Wirken fiel in die Zeit der Abrundung der industriellen Revolution und der Konsolidierung der Massengesellschaft, während der die sozio- und psycho-ökonomischen Grundstreben sich zur Basis der Gesellschaft ordneten, in der wir noch heute leben. Es war die Hochzeit der Kulturkritik, in der wache und mitunter nervöse Geister, ausgestattet mit der Bildungsnoblesse des 19. Jahrhunderts, romantischer Feinsinnigkeit und der vergehenden aristokratischen Courtoisie, der gewaltvollen gesellschaftlichen Tektonik und ihren Kollisionen die schrillen Töne ablauschten und die Hoffnung hegten, der Eindrücke mit Formbewusstsein und Sprache Herr werden zu können. Daraus entstanden »Dokumente aus der Geschichte des Subjekts«,[2] wie Gisela von Wysocki es für die Arbeiten von Peter Altenberg, einem Geistesverwandten Lessings, formulierte, verbunden mit Deutungsversuchen, die aufs Ganze zielen, ohne total sein zu wollen.

Vieles von dem, was wir heute in eingeübter Dumpfheit geschehen lassen, war den empfindsamen Polemikern unerträglich und fortwährender Skandal, wobei naturgemäß zuvorderst die grellen Ausdrucksformen der sich unifizierenden urbanen Massengesellschaft ins Auge bzw. ins Ohr oder in die Nase stachen. Theodor Lessings idiosynkratische Beschäftigung mit dem Krach begann um 1900, als er als Student in einem Zimmer in der Münchner Müllerstraße 17 wohnte und dort den auditiven Ausdünstungen gleich zweier Varietés in der Nachbarschaft ausgesetzt war.[3]

In der Folge engagierte er sich in der vom angelsächsischen Raum inspirierten deutschsprachigen Anti-Lärm-Bewegung, leitete ab 1908 das Büro des dazugehörigen Vereins und redigierte dessen Organ: *Der Anti-Rüpel. Recht auf Stille. Monatsblätter zum Kampf gegen Lärm, Rohheit und Unkultur im deutschen Wirtschafts-, Handels- und Verkehrsleben.* Ausschnitte daraus flossen ein in seine große *Kampfschrift gegen die Geräusche unseres Lebens*, die ebenfalls 1908 in Wiesbaden in der Reihe »Grenzfragen des Nerven- und Seelenlebens. Einzel-Darstellungen für Gebildete aller Stände« erschien und »allen meinen Hauswirten« gewidmet war. Der (werk-)biografische Hintergrund von *Der Lärm* lässt sich Rainer Marwedels vorzüglicher Lebensschilderung Lessings entnehmen;[4] für ein Füllhorn an historischen und philologischen Hinweisen konsultiere man seine wegweisende Edition von Lessings kleinen Schriften zwischen 1908 und 1909 unter dem schönen Titel *Kultur und Nerven*,[5] der diese orthografisch behutsam aktualisierte und um einige Worterklärungen ergänzte Leseausgabe viel verdankt.

Angesichts der Tatsache, dass sich die Übermacht der Beschallung zwischen Laubbläser und Supermarktradio, individuell mitgeführten Lautsprecherminiboxen mit Maxigeplärre und Selbstverpfropfung durch Kopfhörer seit Lessings Tagen nochmals verstärkt hat, scheint ein Antidot für das tägliche Abwehrgefecht in handlicher Form angebracht. In diesem Sinne will diese Ausgabe mittels der Begleitessays den Blick insbesondere auf den gesellschaftspolitischen und juristischen Horizont von Lessings Kampfschrift richten, macht er es sich doch dezidiert zur Aufgabe, Wege zur »Abhilfe und Aufbesserung« des schlechten Zustandes zu ersinnen. Diese zentrale Dimension des Textes wurde durch seinen virtuosen wie furiosen Stil, durch seine meisterlichen Phänomenbeschreibungen, die den schmalen Band zu einem Glanzstück deutschsprachiger Essayistik machen, oftmals in den Schatten gestellt. Wird es jedoch als unterhaltsames kulturpessimistisches Lamento missverstanden, gerät auch die tieferliegende gesellschaftsphilosophische Grundlage aus dem Blick, die in fragmentarischer Form durchaus Ansätze zu einer umfassenderen »Dialektik der Unruhe«, verstanden als anthropologischer bzw. geschichtsphilosophischer Theorie der vollends beschallten Erde, bietet.

Lärm ist nach Lessings Deutung vermittelte Konsequenz eines grundlegenden, das menschliche Dasein prägenden Ringens zwischen »Bewusstsein« bzw. »Geist« sowie »Bewusstlosigkeit und Vergessen« bzw. »Leben«. Während der Geist den Kulturprozess der Distanzierung, Differenzierung, Kultivierung und Rationalisierung vorantreibt, antwortet dem wie in einer Art emotionalem Energieerhaltungssatz zur Entlastung von der Überintellektualisierung ein Drang zur Enthemmung. Bei allem Schimpfen und Kämpfen zeigt Lessing also Verständnis für expressive, impulsive Lebensäußerungen, er sieht sie als geradezu notwendig an: »So bedroht der Fortschritt menschlicher Weltbewusstheit die Lebenskraft, die diesen Fortschritt *tragen* muss.« Die klassischen Formen, »von der wachen Bewusstheit seiner selbst *los*zukommen«, Ausdrucksformen irrationalen Lebens, sind Religion und Kunst. Den Lärm wertet Lessing als Karikatur der Musik; er befriedigt also ein legitimes Bedürfnis, allerdings in primitiver, ausartender Form, die sich anschickt, Kultur in einem Aggressionsakt zu zerstören. Sosehr Kultur der Verfeinerung des Daseins zuarbeitet, sosehr verkehrt sie sich auch in Gewalt: »Die gegebene Selektion geht auf Ausmerzung vieler diskreter Seelenseiten, auf Vertilgung alles Zart- und Feingefühls im öffentlichen Leben, auf Brachlegung der kleinen Rücksichten und täglich neu zu erübenden unscheinbaren Achtungserweise Mensch gegen Mensch.«

Lärm ist, so nuanciert Lessing das Phänomen in einigen signifikanten Passagen, Ausdruck von Macht-, Expansions- und Aneignungsdrang. Dies betrifft den städtischen Raum und soziale Beziehungen ebenso wie die zur Natur oder die Unterwerfung der außereuropäischen Welt. Das an- und eingreifende Geräusch führt auf anderer Ebene fort, was Lessing das Bedürfnis nennt, sich in eine »sättigende Beziehung« zur Umwelt zu setzen: »Ein schönes Kind muß geküßt, ein seltenes Tier muß gestreichelt werden, ein bedeutender Mensch muß angesprochen und seine Bekanntschaft muß gemacht werden. *Die Leute können nicht schauen, ohne auch zu wollen*«.[6]

Hinsichtlich der Klassendimension des Lärms schweigt sich Lessing auffallend aus. Zwar findet sich über den Krach eine von jedem verschlafenen Studenten intuitiv nachvollziehbare Beschreibung, wenn der grinsende Handwerker um 7.30 Uhr in der Wohngemeinschaft den Hammer mit besonderer Wonne auf die Fußbodenleiste niederfahren lässt: »Er ist ursprünglich nur verfeinertes Faustrecht und die *Rache*, die der mit den Händen arbeitende Teil der Gesellschaft an dem mit dem Kopfe arbeitenden nimmt, dafür dass der ihm *Gesetze* gibt.« Doch scheint ihm die Überlegung, dass eine spezifische Klassenposition eher zur Betäubung der Sinne qua Gelärme drängt, weniger naheliegend. Und vielleicht wäre umgekehrt Bürgerlichkeit, oder das, was davon geblieben ist, tatsächlich nicht am schlechtesten damit beschrieben, »einfach einmal still sein zu können« – aufgrund der Tugend von Duldung und der Größe, sich nicht zu allem äußern zu müssen; aber auch aufgrund der Souveränität qua gewusster Machtposition, die es nicht nötig erscheinen lässt, überall aktiv auf seine Rechte zu pochen.

Als wolle er eine auf die sozialen Unterschiede zielende Lösung des Lärm-Problems kategorisch ausschließen, sich geradezu zur Anerkennung der fast tragischen »Dialektik der Unruhe« ermahnen, pocht Lessing ganz zu Beginn und ganz zum Schluss auf den für das Getöse verantwortlichen »unausrottbaren, allmenschlichen *Trieb*« und macht ihn, etwas unvermittelt, fest als »primitiven Ausdruck ernstlosen, willkürlichen und zufälligen Spiels«. Dabei wären die Bewusstwerdung der Verbindung von Geräuschgewalt und Börsenkrach und daraus entstehende Handlungsoptionen vermutlich eine Möglichkeit, nicht doch auf ein »Heimweh nach der Posthornzeit« zu verfallen.

Theodor Lessings Plädoyer für Feinsinnigkeit und Rücksichtnahme, kurz: Menschenfreundlichkeit, war zu leise, als dass es gegen das Geschrei der betriebsamen Welt hätte ankommen können – sein Text bedarf ohnehin anderer Verlautbarungsformen als des Wettbewerbs um Dezibel; bei aller Wucht und Verve wird er grundiert von einer stillen Melancholie. Sein Programm, mit der Finesse des Geistes, das Spannungsverhältnis von Trieb und Intellekt reflexiv einzuholen, um auf einer höheren Stufe Leidenschaften zu entfesseln, bleibt dennoch unabgegolten: Es kommt »alles darauf an, dass wir mit den Waffen des Bewusstseins wiedererobern, was uns an unmittelbarer Triebsicherheit verloren geht, bis wir, von Wille und Urteil aus, aufs neue triebsicher und natürlich werden; denn *Bildung ist wiedererlangte Kindlichkeit*«.[7]

Kein Wunder, dass es sich bei einer der von Lessing erhofften »volkstümlicheren Federn« gut siebzig Jahre später just um den kindlichen Kulturkritiker B. Blümchen mit seinem Drama *Kampf dem Lärm* (1979) handelte, der das Projekt von Menschenfreundlichkeit und Lärmfreiheit wieder aufnahm: »Alles könnte so schön sein, wenn nur der ständige Lärm von der Zoostraße nicht wäre. Benjamin macht sich große Sorgen: Otto leidet unter starken Kopfschmerzen, die Tiere im Zoo sind ganz nervös und Zoodirektor Tierlieb verschüttet seinen Nachmittagskaffee. Damit alle wieder in Ruhe leben können, muss er etwas unternehmen.«[8]

Wie Theodor Lessing sagen würde: »Non clamor, sed amor« …

***

Gedankt sei Johannes Ullmaier für die Hilfe an der frühen und weit zurückreichenden Konzeption und Julia M. Nauhaus für die akribische Durchsicht und entscheidende Verbesserung dieses Bandes. Gewidmet ist er Dieter Schnebel, der zugesagt hatte, daran mitzuwirken, dann aber mitten in den Vorbereitungen plötzlich verstarb. Er hätte auf die von Theodor Lessing aufgeworfenen Fragen »Gibt es Musik des Lärms?«[9] und »Sind Kanonenschläge Musik?«[10] sicher eine inspirierende Antwort gehabt, wenn auch wohl nicht unbedingt in dessen Sinne.

Tilman Vogt

Anmerkungen

1. Theodor Lessing, »Hindenburg«, in: *Prager Tagblatt* vom 25. Februar 1925, S. 3.
2. Gisela von Wysocki, *Peter Altenberg. Bilder und Geschichten des befreiten Lebens*, Hamburg 1994, S. 8.
3. Vgl. Rainer Marwedel, *Theodor Lessing 1872–1933. Eine Biographie*, Darmstadt und Neuwied 1987, S. 104.
4. Ebd.
5. Theodor Lessing, *Kultur und Nerven. Kleine Schriften 1908–1909*, hg. von Rainer Marwedel, Göttingen 2021.
6. Theodor Lessing, *Rudolf Hans Bartsch. Ein letztes deutsches Naturdenkmal*, Leipzig 1927, S. 110; vgl. im vorliegenden Lessing-Text die ähnliche Passage auf S. 51.
7. Theodor Lessing, *Europa und Asien*, Hannover 1924, S. 51.
8. Vorschautext der dritten Folge von »Benjamin Blümchen« (1979), *Kampf dem Lärm*, zitiert nach: *Stressfaktor*, Februar 2023, S. 2.
9. Theodor Lessing, »Wohltemperierte Fuge«, in: *Der Anti-Rüpel (Recht auf Stille)* 2. Jg., Nr. 2 (Februar 1910), S. 16.
10. Theodor Lessing, »Sind Kanonenschläge Musik?«, in: *Der Anti-Rüpel (Recht auf Stille)* 3. Jg., Nr. 3 (Januar 1911).

DER LÄRM

Eine Kampfschrift gegen die Geräusche unseres Lebens

Allen meinen Hauswirten

Nur zum kleineren Teil habe ich wissenschaftliche, literarische Absichten, indem ich mich anschicke, einige Betrachtungen über den Lärm und die Geräusche niederzuschreiben. Zunächst aber, vor allem andern, liegt mir daran, mich von quälender Spannung langen Grolls und sachlichem Zorne zu entlasten. Darüber hinaus möcht ich auf möglichst viele Menschen wirken. Möchte sie aufrütteln, Gefahren und Mängel des Lebens aufzeigen und Wege zu ihrer Abhilfe und Aufbesserung! Dabei ist mir gleichgültig, in welche Gebiete der Wissenschaft die folgenden Darlegungen gehören. Gleichgültig, wenn sie in viele Gehege besser Wissender einbrechen; diesen oder jenen verstimmen; von diesem oder jenem missverstanden werden. Es handelt sich um alltäglich-menschliche Dinge. Es wäre zu wünschen, dass recht viele über sie frei ihre Meinung äußern, denn es könnte wohl manch einer wichtige Erfahrungen und Beiträge zu unserem Thema mitzuteilen haben. Man kann dieses Thema mit bestem Recht als »Grenzfrage des Nerven- und Seelenlebens« bezeichnen (wofern man überhaupt einräumen will, dass es solche »Grenzfragen« gibt; und wofern man den Forscher nicht auf die Wahl beschränkt, Gegenstände wie den Lärm, entweder vom physiologischen *oder* vom psychologischen Standpunkt aus betrachten zu sollen). Aber auch viele andere Arbeitsgebiete haben an ganz demselben Gegenstand Interesse und Anteil: Die Tonpsychologie, Musik, Otologie, Physiologie der Sinnesempfindungen, Psychophysik. Sodann auch ganz besonders die Hygiene, die Wirtschafts- und die Sozialpolitik. – Man sollte aber die folgenden Blätter nicht missachten, weil auf ihnen simple Dinge des täglichen Lebens zu Fraglichkeiten und Vorwürfen *philosophischer* Betrachtung werden. Es gibt für die Philosophie keinerlei Stoff, der an und für sich wichtiger wäre als ein anderer. Ich wünschte nur, ich könnte dartun, wie von jedem Punkte der Erfahrung aus man in Hinter- und Untergründe des Lebens hinabtauchen kann, wie in jedem Gegenstande subjektiven Erlebens *alle* generellen Energien mitwirken, zusammenfließen und sich durchdringen; das ganze Menschengeschlecht, der ganze Kosmos. Es ist alles gleichmäßig nichtig und wichtig; es ist gleichgültig, wo man beginnt. Das aber ist nur eine falsche »Wissenschaftlichkeit«, für die just das Feierliche, Profunde, Ausdrückliche – Anlass zum Nachgrübeln enthält. Sich mit Gott und dem Ende der Menschheit beschäftigen ist nicht an und für sich bedeutender, als die Beschäftigung mit den tausend konkreten Kleinigkeiten der Praxis. Diese bilden schließlich doch immer die eigentliche Sorge unsrer Lebenstage, wirken am unerbittlichsten und verhängnisvollsten und werden von jedermann im Grunde seines Herzens für das Notwendigste seines Lebens gehalten. – Ein allgemein menschlicher, tagtäglicher Notstand aber steht hier in Frage. Die treffendste Form unserer Sprache, die konzentrierteste Geisteskraft auf seine Durchleuchtung und Höherwürdigung zu verwenden, wäre mein Wunsch. Gleichwohl können sich unter den fünf Kapiteln meiner Schrift mehrere Abschnitte (besonders die beiden ersten allgemeineren Kapitel), nur an Wenige, Anspruchsvolle wenden. Jene Leser, denen ausschließlich das praktische Interesse, das »Meritorische« des Buches am Herzen liegt, mögen getrost diese oder jene Seite überschlagen. Sie sollen dort zu lesen beginnen, wo es sich für sie um aktuelle, greifbare, sinnfällige Erlebtheiten handelt, um Gebiete, die jeder kennt und in denen jeder mithelfen muss. Denn das letzte Ziel, das ich mir setze, ist dieses, einen Feldzug zu predigen. Mein Buch soll Signal werden zu einem allgemeinen Kampf gegen das Übermaß von Geräusch im gegenwärtigen Leben. Es möge geschicktere oder volkstümlichere Federn in Bewegung setzen. Möge vielen Veranlassung bieten, seine Anregungen weiter zu tragen. Ja, ich hoffe auf Verwirklichung eines allgemeinen, internationalen Bundes wider den Lärm, der Einfluss auf Strafgesetz, Zivilgesetz, Verwaltungs- und Polizeigesetzgebung erlangt. Auf seinem Banner soll stehen: »non clamor sed amor« …

Erstes Kapitel

PSYCHOLOGIE DER BETÄUBUNG

»Kant hat eine Abhandlung über die lebendigen Kräfte geschrieben; ich aber möchte eine Nänie und Threnodie über dieselben schreiben, weil ihr überaus häufiger Gebrauch, im Klopfen, Hämmern und Rammeln mir mein Leben hindurch zur täglichen Pein gemacht hat. Allerdings gibt es Leute, ja recht viele, die hierüber lächeln, weil sie unempfindlich gegen Geräusch sind: es sind jedoch eben die, welche auch unempfindlich gegen Gründe, gegen Gedanken, gegen Dichtungen und Kunstwerke, kurz gegen geistige Eindrücke jeder Art sind: denn es liegt an der zähen Beschaffenheit und handfesten Textur ihrer Gehirnmasse.«

Schopenhauer

Ungeheuerliche Unruhe, grauenhafte Lautheit lastet auf allem Erdenleben. Um sie in ihrer letzten Tiefe zu verstehen, ist es notwendig, zunächst zu zwei fundamentalen Seelenmächten hinabzusteigen, die an allen Gebilden der Menschenkultur weben und in allen Erscheinungen menschlicher Wirtschaft lebendig sind. –

Einmal schlummert in unserem Geschlechte die Neigung, das Leben zu immer höherer Geistigkeit emporzutreiben! Der Mensch strebt zum »Bewusstsein«. Über das dunkle Chaos seiner rastlosen Begierden und primitiven Leidenschaften wirft er das formende Netz vernünftiger Disziplin. Er gestaltet das Leben »rationell«. Er militarisiert und uniformiert es. Er bändigt und bindet es in »Vernunft«. – Dem aber widerstrebt eine zweite, ganz anders gerichtete und doch ebenso unausrottbare Seelenneigung: Das Bedürfnis nach Bewusstlosigkeit und Vergessen, unser Hang zu alle dem, was das bewusste Wissen betäubt oder verdunkelt. Dieser Zug zum »Subjektiven« oder »Irrationalen« spricht sich gleichfalls in tausenderlei Gestaltungen der Wirtschaft aus. – So wie kein animalisches Lebewesen sich *dauernd* auf der Höhe bewusster Wachsamkeit, in schlafloser Gewecktheit zu erhalten vermag, keines den *Wechsel* von Nacht und Tag und den *Wechsel* zwischen Selbstbewusstheit und vegetativer Erneuerung im Schlafe entbehren kann, so kann auch das Menschengeschlecht als *Ganzes* eine dauernde Gewusstheit des Lebens nicht ertragen. Dieses Leben würde aufgebraucht, würde in all seinen Energien von der geistigen Aktivität erschöpft werden, wenn die Entwickelung zu Vernunft und Denken hin nicht durch jene ganz andersartigen »irrationalen« Seelenmächte hemmend reguliert würde. … Wie nach der Vorstellung der heutigen Physik alle kosmischen Energien sich in eine *einzige* Energieform umsetzen, nämlich in die Form der Wärme, um in dieser schließlich zum Aufbrauch, ja zum erstarrten Stillstand der Lebensbewegung, zur sogenannten »Entropie« des Kosmos zu führen, – so scheinen auch alle Regungen der *Seele* zuletzt in eine *einzige* Energie zu münden, nämlich in die intellektuelle Energie, d. h. in die Form der »Bewusstheit«, um in ihr zur Ruhe zu kommen. Somit aber wird der »Geist« zum nagenden und zerstörenden Parasiten des »Lebens«. Die *bewusste* Regelung der Lebensfunktionen unterbindet und verbraucht die Energie zahlloser instinktiver, reflektorischer Fähigkeiten, durch die das Tier oder der »Naturmensch« dem »höheren« Menschen überlegen ist. Die unermessliche Mehrung und Verfeinerung jener wunderlichen Gebilde der grauen Hirnrinde, an die

die Fähigkeit des wissenden Denkens geknüpft zu sein scheint, – sie erfolgt nur *auf Kosten* des Großhirns und Rückenmarks. So bedroht der Fortschritt menschlicher Weltbewusstheit die Lebenskraft, die diesen Fortschritt *tragen* muss. So scheint unser Aufstieg zur Geisteskultur zugleich Abstieg des »Lebens« zu werden. So umdüstert die Ideale der gepriesenen »Entwickelung« der wachsende Schatten der Dekadence, der Depopulation, oder mindestens doch einer vitalen Schwächung und physischen Minderung des Menschengeschlechts.

Hier aber greifen jene anders gearteten Lebensmächte steuernd und konservierend in das Getriebe aller *vorwärts* peitschender Gewalten ein. Das, was Nacht und Schlaf unsrer *körperlichen* Erhaltung leisten, das leisten *diese* Mächte für die hohe Geistigkeit psychopatisch gefährdeter, komplizierter, später Individuen. Sie sind geistesfeindlich, *anti*logisch. – Es ist daher berechtigt, dass man sie unter dem Gesichtswinkel »fortschrittlicher Ethik« als »reaktionär« und »konservativ« zu kennzeichnen versucht. Aber von einer *anderen* Seite aus gesehen, verwalten gerade *sie* die »Heilkraft der Natur« und erscheinen unentbehrlich und tief notwendig. Auch erweisen sie sich als in der *letzten* Tiefe der Seele verwurzelt. Und das am meisten bei jenen zahllosen Menschen, die bei einem Übermaß *rationeller* Momente der Lebensführung in ihrem Weltgefühl oder in ihren Idealen gleichsam vor sich selber davonlaufen.

Welches sind denn nun diese *anti*rationalen, das Bewusstsein »retardierenden Lebensgewalten«? Es dürfte ohne Weiteres klar sein, dass sie nur im konservativsten Element der Seele, im »Gefühle« gründen können. Sie müssen die Lichtkraft des Verstandes, die Helligkeit des Wissens ebenso fliehen, wie sie sich an der dunklen Schwüle des »Gemütes« zu entzünden pflegen. Dieses gerade kennzeichnet sie als Antagonisten jener intellektuellen Energien, die alle Wärme des Lebens gefrieren, ja vergletschern machen und zuletzt nichts übrig lassen als nur die eine weiße, kalte Flamme des »Bewusstseins«.... Alle die Gewalten »reinen Gefühls« werden somit vor allem in *religiösen* Erlebnissen zentriert sein. Denn »Religion« ist *die* Macht, welche Gefühle, Stimmungen, Impulse des Menschen am radikalsten von ihren natürlichen Verwebungen mit aktuellen Interessen und faktischen, empirischen Elementen des Alltags ablöst. In ihr stellt die Seele ihr *persönlichstes* Hoffen, Streben, Lieben und Verlangen nackt und unvertrübt gleichsam in ein objektiveres Wertbereich hinüber. In ihr spiegelt sich das Ich befreit von Tatsächlichkeit und Empirie. In ihr werden alle realen Inhalte vom tragenden Weltgefühl, von der kosmischen Lebensstimmung abgestreift. *Nur* dieses Weltgefühl, *nur* diese Lebensstimmung *selber* ergreift sich in mythischen Bildern oder beziehungreichen, Vieles erregenden Symbolen. Alle großen Leitmotive, die im aktuellen Leben eingebettet liegen, werden damit aus ihren zahllosen praktischen Vertrübungen hervorgeholt. Sie werden in einem überempirischen, »transzendenten« Bereiche gesammelt, um von ihm aus, rückstrahlend, allem faktischen Leben Heiligung und Weihe zu verleihn. Alle Hoffnung ist hier *nichts* als Hoffnung. Alle Liebe ist hier *nichts* als Liebe. Alle Angst, alle Sehnsucht, alles in der Wirklichkeit stets unerfüllte, verkümmernde, unerfüllbare Streben blüht sich hier aus und findet ein Ziel, jenseits jedes *bestimmten* Zieles.... Diese Emanzipation der »rückwärts bindenden« Mächte des Gemütes von allen den rationalen, korrigierenden, beständig umformenden Störungen seitens der *Wirklichkeit* gibt der Religion ihre eigentümliche Sonderstellung unter allen Gewalten des Lebens. – Nur eine einzige Lebensmacht kommt ihr gleich, ja übertrifft die religiöse an Absolutheit und Selbstherrlichkeit der Gefühlsbefriedigung, nämlich die *Kunst*; als die kontemplativ einfühlende, zwecklos-betrachtende, ästhetische Stellungnahme zu den bunten empirischen Dingen dieser »Welt«. Und innerhalb dieses ästhetisch-betrachtenden Erlebens der »Welt« ist es wiederum die *Musik*, die am innigsten der religiösen Erlebensform verwandt, am rücksichtslosesten von allen faktischen und zweckvollen Bestimmtheiten der Wirklichkeit gelöst ist. Denn auch Musik ist, wie Religion, eine alogische, irrationale, gefühlsmäßig-unmittelbare Lebensmacht. Sie hat, genau wie die Religion, das bunte Narrenkleid des *wirklichen* Lebens von sich gestreift. Sie bietet nie etwas Bestimmtes, Einzelnes, Glatt-Umschreibbares. Sondern in ihr reduplizieren sich alle die tragenden Grunderlebnisse der Seele; all ihr Fluten und Ebben, Gehemmtsein oder Emporsteigen, Gesteigert- oder Bedrücktsein, alles Spannen, Entspannen, Zögern, Straucheln, Eilen, Stürmen; alles Stauen, Angleichen, Ausgleichen, Verwickelt- oder Befreitwerden, in dessen *Formen* unsre Willens- und Gefühlserregungen sich abspielen. Was wir aber diesen zahllosen Formen von Erregung etwa an deutenden Gedanken und symbolischen Erfahrungen unterlegen; auf welche *empirischen* Inhalte wir sie beziehen, oder welche *rationalen* Gegenstände und *konkreten* Bilder des Lebens für einen jeden von uns aus dem Strome der Musik auftauchen und über ihrem Lebensbrause schweben, wie die Seelen der einst Lebendigen über den rastlosen Gewässern der Styx, das ist für das Wesen der Musik vollkommen gleichgültig! Denn dieses Wesen steht vollkommen jenseits (oder diesseits) aller *konkreten* Gegenständlichkeit! Nur so etwa, wie man das Leben eines jeden Tages auch mit in den Schlaf hinübernimmt, sodass es im Wandeln und Weben dunkler Gefühle, aus den »Träumen«, wie aus einer neuen und doch eigenartig bekannten Dimension sich widerspiegelt, so etwa nehmen wir das vertraute Denken und Sein des Alltags mit in die Musik hinüber. Dies aber geht die Musik *selber* nichts an. Für die Musik *selber* ist es so unwesentlich, wie etwa für »reine Zahlenlehre«, dass man sie auch als Rechenkunst, für »reine Logik«, dass man sie auch als Denktechnik betreiben *kann*. An und für sich bietet Musik *nichts* als abstrakte *Form* von Lebensregung. Tempo, Dynamik, Agogik, Rhythmik, Modulation von Erlebnisverläufen; ähnlich wie Mathematik (ohne alle Rücksicht auf *faktische* Anwendbarkeit und *konkrete* Belege) abstrakte Notwendigkeiten der Vernunft *überhaupt* festlegt. Musik geht also dem Strombett des *Lebens* nach, wie Mathematik das des *Geistes* nachzeichnet.

***

Nun ist es eine alte, tiefe Erfahrung, dass sich tragenden Mächten des Lebens alsbald ein »Gegenpart« zugesellt, als ihr komisches oder tragikomisches *Wider*spiel, das, aus ganz den *gleichen* Herzensanrechten entsprungen, sie dennoch nur wie in einen Hohlspiegel, wie in karikierende und vertrübende Sphäre hineinstellt. Dies ist die große Wahrheit von den »Affen des Ideals«. So wie der Teufel, den Luther als »Afterbild Gottes« bezeichnet, genau die *gleichen* Wesens- und Machtqualitäten aufweist, die Gott selber besitzt, nur eine jede ins Negative gewendet, – so gibt es nichts Hehres, Edles und Lebenerhebendes, das nicht alsbald von seinem *Gegen*spiele aufgegriffen und eben dem aufgepfropft würde, was es seinem reinen Sinne nach überwand und negierte. Wo ist je ein berechtigter Gedanke ausgesprochen, eine nützliche Partei oder Gesellschaft begründet, eine wertvolle Maßregel vertreten worden, ohne dass sich alsbald der Mob darüber hergemacht, das Gemeine damit liiert und irgendeine vulgäre Politik der »Interessen« sich darangehängt, sie vertrübt, verbogen oder gar verlächerlicht hätte? Die allgemeine Form, in der dies zu geschehen pflegt, ist immer diese, dass die ideale Macht der *abstrakten* Sphäre enthoben und neuerdings mit groben *faktischen* Zwecken und *konkreten* Bedürfnissen verknüpft wird, deren Abstreifen und Dahintenlassen gerade das Wesentliche der tragenden Sehnsucht gewesen war. Auch jetzt noch wird zwar ein *ideelles* Bedürfnis befriedigt; aber es geschieht sozusagen in handfester, plump primitiver Form. In diesem Verhältnis steht z. B. aller Aberglaube (vom Animismus und Schamanismus unentwickelter Völker bis hinan zu okkulter Mystik und roh konkreter Metaphysik), – zu dem elfenzarten, schmetterlingsleichten Himmelskinde Religion. In diesem Verhältnis »psychischer Verschiebung« oder »Konkretierung« stehen mannigfache Formen von Zwangsneurose zur »Religiosität«. Der höchste Aufschwung, mächtigste Überschwang, dessen der Mensch fähig ist, wird wieder herabgezerrt in die dumpf gewohnte Bahn kausaler, naturalistischer Weltorientierung. Dem nun *analog* besitzt die *Musik* ihr karikierendes »Afterbild«: den *Lärm*. …

***

Alle dies entsetzliche Randalieren, dies unaufhörliche Brüllen, Dröhnen, Pfeifen, Zischen, Fauchen, Hämmern, Rammeln, Klopfen, Schrillen, Schreien und Toben, womit der Mensch seine Aktionen zu begleiten pflegt, steigt, so gut wie Sprache und Musik, aus vitaler *Notwendigkeit* empor. Daher würde aller Kampf wider die *Lärm*seite des Lebens nicht um einen Schritt voranbringen, wenn wir nicht zuvor die seelischen Untergründe sondieren, in denen all das geräuschvolle Tosen des Lebens *notwendig* verankert liegt. Denn die schönste Musik wie der schrecklichste Lärm, die reinste Religiosität wie die krauseste Mystik, die poetisch verklärte Liebe wie gemeine sexuelle Obszönität, – sie wurzeln an ganz der*selben* Stelle, in derselben untersten Tiefe der menschheitlichen Seele. Nur die bergenden, nährenden Bodenschichten, durch die diese seelischen Wurzelkräfte aus demselben Keime hervorbrechen, färben und wandeln, vertrüben oder läutern ihre Wesensnatur so entscheidend, dass schließlich an der *einen* Stelle des Lebens eine weltferne, zarte Himmelsblume, an der andern ein ekles beschämendes Zwittergewächs emportaucht.... Mit der oft gehörten Behauptung freilich, dass hinter allem Lärme ein »Kampf ums Dasein« und gegenseitiges Erschrecken, Besiegen oder Sichbehauptenwollen stehe, ist im Grunde gar nichts gesagt. Und auch damit nicht, dass man betont, hinter allem Menschengelärme wohne die notwendige Kraftentspannung und das Bedürfnis nach aktiver Machtbetätigung und Selbstbewährung. – Solche Aktivitätssteigerung und Selbsterweiterung muss schließlich in *jeder* »Ausdrucksbewegung« aufzufinden sein. Sie kann daher nicht die *spezifische* Psychologie des Schreiens und Lärmens erläutern. Wichtig dagegen ist *dies*, dass wir im Lärm nicht ein zufälliges Akzidenz des »gesteigerten Verkehrslebens«, nicht ein bloß zeitgeschichtliches Symptom der Unrast und Heimatlosigkeit moderner Seele zu betrachten glauben, sondern den Ausdruck unausrottbaren, allmenschlichen *Triebes*. Diesen *»Trieb«* zum Lärme kann man nicht mit polizeilichen Vorschriften und staatlichen Maßregeln ausmerzen. Denn gesetzt, es würden künftig immer neue Mittel gefunden, um das Leben in seinen äußeren Ausdrucksformen relativ geräuschlos zu machen; gesetzt man würde Patente erteilen auf Vorrichtungen, die ermöglichen, Polstermöbel und Teppiche geräuschlos zu klopfen; gesetzt das Gros der Kulturmenschen wäre nachgerade so musikalisch geworden, dass es ihm genügte, Partituren zu *lesen*; gesetzt endlich man würde gar den Vorschlag jenes Biologen befolgen, der anempfahl die künstliche Stummheit der Haustiere heranzubilden, »indem man immer wieder den Rekurrensnerven durchschneidet, um durch Auslese lautlose Lebewesen hervorzubringen«; gesetzt auch dies, dass man die sorglichsten Vorschriften zur Vermeidung des Straßenlärms besäße und alle des täglichen Gerassels der elektrischen Bahnen, Dampfbahnen, Motorwagen, Automobile, – es würde *dennoch* eine große Anzahl lärmfreudiger Leute sich über all diese Sicherungen gefährdeter Nerven mit *Lust* hinwegsetzen! Sie würden ihre Teppiche *lieber* geräuschvoll klopfen! Würden *lieber* mit der Peitsche knallen; würden viel zu entbehren glauben, wenn sie nicht ihren Geschäften mit Singen, Pfeifen und beständigem Geschrei nachgehen könnten. Sie würden Stöcke und Schirme geflissentlich gegen Stakete und Gitter rasseln lassen oder mit Säbel und Sporen stolz über den Marktplatz klappern, auch wenn alle das wohl entbehrlich und gar leicht vermeidbar wäre. Ein merkwürdiger, unbezähmbarer *Impuls* steht also dahinter, ein »*Ur*trieb«, in dem der lustvolle, positive Charakter des Lärmens fundiert liegt. Er reiht sich jenen zahllosen allmenschlichen Neigungen ein, die die »Bewusstseinsnarkose«, d. h. die beständige Übertäubung des stummen, bewusst denkenden Geistes und somit den fortwährenden Traum- und Rauschzustand des Gesellschaftslebens unterhalten. ...

***

In primitiver, trüber und noch roher Sphäre haben wir hier ganz die*selbe* Ressource, die*selbe* Schutz- und Bremsvorrichtung der Lebensfähigkeit vor Augen, die (wie wir vorhin betonten), auch der Religion oder der Musik die *letzte* Sanktion und Notwendigkeit für das Leben verleiht. Wir können diesen Zusammenhang klarer durchschauen, wenn wir den Lärm mit dem Alkohol vergleichen, oder mit einem der vielen Stimulantien und Narkoticis, wie Haschisch, Opium, Kola, Nikotin, oder endlich mit jenen unentbehrlichen Alkaloiden nutritiver Reizmittel, denen keine Speisehygiene, keine Abstinenzbewegung jemals *völlig* beikommen wird, weil sie organische Bedürfnisse befriedigen und nur in ihrer jeweiligen Dosierung, in ihrer quantitativen oder distributiven Verwendung im physischen und psychischen Lebenshaushalt einer Generation, *nicht* aber an und für sich selber entbehrlich und bekämpfbar sind. Alle diese Reiz- oder

Rauschmittel nämlich dienen genau wie der Lärm, um die Trieb- und Gefühlssphäre (also die *subjektive* Seite des Lebens) frei zu machen, zu erweitern und momentan emporzusteigern. Oder anders ausgedrückt: Sie dienen dazu, die intellektuellen, rationalen, bewussten (also »objektiven« Funktionen der Seele) zu dämpfen, zu verengern und zurückzudrängen. Dieses freilich vollzieht sich *vollkommen* ungetrübt nur in jenen religiösen, musikalischen oder ästhetischen Wertrichtungen der Kultur, denen just nüchterne, trockene, affektiv dürftige Individualitäten als den Kompensativmächten ihrer rationalen, objektiven, die Persönlichkeit abtragenden Lebensbewährung am kritiklosesten zu verfallen pflegen.

***

Hinter allen diesen Erfahrungen steht ein folgenschwerer Zusammenhang. Schon die älteste Psychologie (die der Inder) hat in der Lehre vom dukha-satya, d. h. von der »Identität des Wissens und Leidens«, einer grundlegenden Beobachtung primitiven Ausdruck gegeben. Allezeit aber verknüpfte sich mit dieser Erkenntnis die religiöse *Bevor*zugung und teleologische *Höher*wertung der ungewussten, selbstvergessenen, instinktiven Seiten des Lebens, gegenüber seinen rationalen Gewinnposten an Wissen und Erkennen, an ethischer, intellektiver und technischer Naturbeherrschung. Es überkommt wohl jeden denkenden Menschen zuweilen die Ahnung, es sei zu allem Fortleben eine ewige Selbsttäuschung notwendig, es könne menschliches Leben nur auf dem Hintergrunde dauernden Nichtwissens und traumhaften Rausches erträglich bleiben. Diesen »Rausch« trägt der junge und gesunde Mensch schon im Blute. Der Starke, Junge, Lebendige lebt an und für sich in einer normalen Trunkenheit. Er entbehrt daher nicht jener Stimulativmächte, die (mit unbewusstem Raffinement) auch im abflauenden, vernüchterten, klug und ohnmächtig, weise und ängstlich gewordenen Leben einen bestimmten Grad täglicher Betäubung unterhalten. –

***

Alle psychischen Störungen, die durch bewusste Klärung noch nicht oder nicht mehr überwindbar sind, können *dadurch* überwunden werden, dass man sie vergisst und nicht zu genau betrachtet. Der Knoten, an dem das Leben sich jeweils staut, *kann* nicht rationell aufgelöst und muss immer wieder zeitweilig gelockert werden. Insofern nämlich als Bewusstwerdung, Aufmerken, bewusstes Apperzipieren von Reizen, allemal Verengung und Konzentration der Seelenbewegung an einem individuellen *»Punkte«* in sich schließt, ist es schon seiner Natur nach mit Unlust verbunden. Das »Bewusstsein« entbehrt zum mindesten jener eigentümlichen Note lebendiger Kraft, die in allen Erlebnissen der *Freude* schwingt. Denn Freude schließt umgekehrt nicht Konzentrierung, sondern Erweiterung des Ichbewusstseins in sich, bis zur vollendeten Auflösung seiner selbst, bis zu *jenem* Gipfel, wo der Einzelne Alles umfasst und kein Gesondertes mehr bewusst begreift. Man bezeichnet in specie wohl den Wein als Quell des Vergessens oder als »Sorgenbrecher«, aber man könnte schließlich an *jedem* Lusterlebnis (vom Genuss einer Zigarre bis zur Freude an einer Symphonie) das Moment der »Auflockerung der Gefühlsseite« studieren, diese Abdämpfung des *wachen* Wissens, in dessen Fokus die affektive Energie der Seele sich aufstaut und schmerzlich sammelt. Ein Bestreben aber von der wachen Bewusstheit seiner selbst *los*zukommen wurzelt zutiefst in jedem Individuum. Sei es nun, dass die chaotische Unermesslichkeit der Fraglichkeiten und Probleme zu groß wird, um einheitliche Einfügung in *ein* Bewusstsein noch zu gestatten. Sei es, dass ein *bestimmter* Bewusstseinsinhalt, mit dem die Persönlichkeit sich nicht abfinden *kann* und der »wie ein bedrohlicher Block« stauend im Bewusstsein liegt, für eine Weile fortgeschwemmt werden muss. Sei es endlich, dass der vulgäre Mensch das Bewusstsein seiner selbst als das einer leeren, inhaltlosen, kleinlichen oder missratenen Existenz zu *fürchten* hat. Immer verschreibt er sich den Mächten der Betäubung mit allem, was die Kulturgesellschaft Freude oder Vergnügen nennt. Man *betäubt* sich in den Genüssen der Stadt und Straße. Man *betäubt* sich in Theater und Salon. *Betäubt* sich im Medisieren und Räsonieren. In dem üblichen Kunstgeschwätz und Philosophatsch der Journale und Zeitungen. Im Sport oder im Kokettieren mit »sozialer Arbeit«. Übertäubt sich in Etiketten und konventionellen Sitten, in den luxuriösen Restaurants der Großstadt, in armseligen Kellern und Spelunken; in den rohesten Ausschweifungen, in poetischen Flirts und religiösen Ekstasen. Was aber am wunderbarsten und beweisend für die *Notwendigkeit* dieser Rauschmächte des Lebens ist, das ist *der* Umstand, dass auch die rationell-bewusste, ethisch-intellektuelle Lebenshaltung, die den Charakter von Mühe, Askese und Arbeit trägt, sich aus einer künstlichen und zunächst unlustvollen Bindung des Lebens zu einem ganz neuartigen Reizmittel zurückverwandeln kann. Auch die *Arbeit* unterstellt sich jener allgemeinen Tendenz der Bewusstseins*betäubung*. Auch der »arbeitende« Teil der Menschheit scheint sich mit jeder Art ethisch-intellektueller Betätigung nur das Mittel zu monotonen *Narkosen* des Ichbewusstseins zu beschaffen. Das Leben gerade der tüchtigsten »Pflichtmenschen« hat keinen *anderen* Sinn als den, sechs Tage lang das individuelle Bewusstsein mit *Arbeit* zu betäuben, um dadurch die Möglichkeit zu gewinnen, am siebenten eben dasselbe mit Mitteln des »Amüsements« oder vermittelst Musik oder Religion zu tun. –

***

Der *Lärm* nun ist das primitivste und plumpeste, zugleich aber das allgemeinste und verbreitetste Mittel der Bewusstseinssteuerung. Dies erweist sich an seiner natürlichen Verbindung mit dem Alkohol. Es erweist sich in der bezeichnenden Wendung, dass der Mensch gerne sich dort bewege, wo es »*laut* und *lustig*« zugeht …

Nun aber tritt etwas sehr Merkwürdiges ein! Jene »narkotischen Funktionen«, die wir ursprünglich als Schutz- und Trutzmittel *wider* die »Bewusstheit« zu betrachten haben, können auf einem bestimmten Niveau nervöser Erschlaffung neuerdings zu einem Reizmittel *für* Bewusstsein werden. Und dies gilt auch für den *Lärm*. Er ist ursprünglich nur verfeinertes Faustrecht und die Rache, die der mit den Händen arbeitende Teil der Gesellschaft an dem mit dem Kopfe arbeitenden nimmt, dafür dass der ihm *Gesetze* gibt. Aber gleich wie ein beunruhigender Gedanke oder eine Sorge auf dem *Gipfel* ihrer einseitigen Lebendigkeit keinen Ausweg mehr gestatten als den, dass »man sich in sie einwühlt«, sich ihnen völlig hingibt und gleichsam im Denken *selber* berauscht oder zernichtet, so kann auch umgekehrt jedes Bewusstsein übertäubende Mittel schließlich zum Mittel der Bewusstseins*steigerung* werden. Hierfür sprechen so komplizierte und seltene Fälle wie die folgenden, die nur *scheinbar* meine Psychologie des Lärmtriebes, als des »Triebes zur Bewusstseins*retardierung*«, Lügen strafen ...

***

In der Biographie Mozarts lese ich, dass der große Mann in einer engen Stube unter dem fröhlichen Gelärme seiner spielenden Kinder geschaffen habe. Von diesem Lärme äußerte er gelegentlich, dass er sein Produzieren nur dann störe, wenn ein *einzelnes* Geräusch fesselnd an die Aufmerksamkeit heranträte, während die unbestimmte Lautheit der Umgebung sogar stimulierend auf seinen Schaffenstrieb wirke. – Hierin äußert sich zunächst eine oft bestätigte Erfahrung. Wer über die russische Steppe gereist ist, der weiß, dass man beim Geheule ganzer Rudel Wölfe ruhig schlafen kann, während der Schrei eines *einzelnen* hungrigen Wolfes furchtbar beunruhigt und den Schlaf verscheucht. Je farbloser, unbestimmter also das Geräusch ist, umso interesseloser bleibt es und umso weniger Bewusstsein oder »Aufmerksamkeit« vermag es zu binden. Eigentümlich also wäre in dem Falle Mozarts lediglich dieses, dass der Lärm *anregend* auf das bewusste Schaffen wirken konnte, während wir ihn doch als die Waffe *gegen* »Bewusstsein«, als Mittel zur Betäubung zu würdigen versuchen. Etwas ganz Ähnliches nun lese ich auch in der Selbstbiographie John Stuart Mills. Dieser ungemein bewusste, fast pathologisch wache Geist pflegte zur Zeit einer dumpf nervösen Apathie in einem neben seinem Arbeitszimmer befindlichen Raum eine Pauke aufzustellen; darauf musste ein Junge kräftig Lärm schlagen. Mill behauptet, dass dieses Dröhnen seine erschlaffende Denkkraft neuerdings anzuregen vermochte. Gleichwohl empfand er jedes *spezielle* Geräusch als sehr störend. Er meinte, dass großer Lärm ebenso anspornen könne, wie die Einzelgeräusche ablenken. Auch Hegel, der sein Hauptwerk (angeblich) am Abende der Schlacht von Jena vollendete und unter dem Donner naher Geschütze schrieb, äußerte sich dahin, dass der *gleich*mäßige Lärm seine Gedanken geschärft und beflügelt habe. Dieses also wären Fälle, wo Lärm scheinbar *nicht* bewusstsein-übertäubend, sondern im Gegenteil bewusstsein-stärkend gewirkt hat. Die Erklärung dafür suche ich im Folgenden. – Eine nicht sehr affektive oder in einer Zeit psychischer Erschöpfung geübte Denktätigkeit bedarf eines gewissen Maßes abnormer Anreizung und Anregung, um so viel »psychische Energie« aufbringen und freimachen zu können, als nötig ist, um einen Gedanken überhaupt *aufzugreifen* ... Etwas dem Verwandtes sehe ich in der Psychologie des »Einschlafens« und Einschlafen*könnens*. Der Schlaf ist seiner *Natur* nach eine Herabdämpfung und Herabminderung bewussten Vorstellens. Gleichwohl kann er *nicht* eintreten, wo das Bewusstseins- und Vorstellungsleben schon so erschöpft und herabgemindert ist, dass die Kraft zur Konzentration einer *einzelnen* Vorstellung nicht mehr ausreicht.[1] Man findet daher zuweilen, dass medikamentöse Reizmittel, die beim »normalen Individuum« das Einschlafen hindern würden, in Erschöpfungspsychosen umgekehrt dazu dienen, die Fähigkeit des Einschlafens wiederherzustellen. Hier, bei der Psychologie des Lärmens begegnet uns nun etwas dem Analoges. Während der Lärm seiner *Natur* nach *kein* bewusstes Denken aufkommen lässt, sondern nur auf Gefühl und Willen einwirkt (und daher auch als Volksgetöse, Schlachtgeschrei, Barditus, Hurra- und Hipp-Hipp-Gebrülle zum Beseitigen der Überlegung und zum Erwecken des *Willens* benutzt wird), – kann doch in bestimmten abnormen Fällen der Lärm auch dazu dienen, dasjenige Maß *affektiver Belebtheit* auszulösen, das notwendig ist, um *nicht* gefühlsbetonte, abstrakte Gedanken aufgreifen und festhalten zu können. Ja, es ist möglich, dass bei Individuen, die an äußere Unruhe gewöhnt sind, der Fortfall akustischer Reize mit dem Willens- auch ihr Bewusstseinsleben vollkommen brachlegt. Hierher gehört jene bekannte »Psychose der Stille«. Jene Mutlosigkeit und Niedergeschlagenheit, die ganz besonders der Großstädter in den Alpen erleidet! Auch *solche* Provinzen der Seele, denen der Lärm an und für sich feindlich wäre, verfallen bei vollkommener Abwesenheit *aller* Geräusche der allgemeinen psychischen Lähmung, weil jene ständliche »Aufkicherung« fehlt, an die der Mensch vom akustisch-motorischen Typus (vom »kinetischen Typus« wie die amerikanischen Psychologen sagen) sich

1 Hierüber s. mein Buch: *Hypnose und Suggestion*, S. 35.

längst gewohnheitsgemäß *angepasst* hat. Dies aber sind *Ausnahmen* von der generellen Regel, dass Lärm ein Kampfmittel der im Menschen wirksamen *anti*-intellektuellen Seelenmächte *gegen* die intellektuellen ist …

Zweites Kapitel

LÄRM UND KULTUR

»Höflichkeit und Anstand verbieten Geschrei und Thränen. Die tätige Tapferkeit des ersten rauhen Weltalters hat sich bei uns in eine leidende verwandelt ... Alle Schmerzen verbeissen, dem Streiche des Todes mit unverwandtem Auge entgegensehen, unter den Bissen der Nattern lachend sterben, weder seine Sünde noch den Verlust seines liebsten Freundes beweinen, sind Züge des alten nordischen Heldenmuts ... Nicht so der Grieche! ... Er will uns lehren, dass nur der gesittete Grieche zugleich weinen und tapfer sein könne, indeß der ungesittete Trojaner, um es zu seyn, alle Menschlichkeit vorher ersticken müsse.«

Lessing (Laokoon)

Eine nie endende Kette von Qual und Pein zieht sich durch das Leben aller mit dem Gehirne arbeitender Menschen. Inmitten des unerschöpflichen Gelärmes, das unserm kurzen, schnell entflohenen Leben den Charakter der Börse oder Handelsmesse gibt, atmen wir unter dem Drucke einer Not, die keiner versteht und die uns niemand nachfühlt. Wir wissen, dass in uns nie zur Reife kommen wird, was Stille und Einsamkeit, Unabhängigkeit und Ruhe zu seiner Reife *nötig* hätte. Wir ringen vergeblich danach, Sammlung zu erlangen, um »im Reiche des Unhörbaren« Ideen und Stimmungen zu verfolgen, die gleich Merkutios Königin Mab nur auf einem Wagen von Spinnweb kommen; zarter, flüchtiger, ungreifbarer als der Staub auf dem Flügel des Schmetterlings. Die Hämmer dröhnen, die Maschinen rasseln. Fleischerwägen und Bäckerkarren rollen früh vor Tag am Hause vorüber. Unaufhörlich läuten zahllose Glocken. Tausend Türen schlagen auf und zu. Tausend hungrige Menschen, rücksichtslos gierig nach Macht, Erfolg, Befriedigung ihrer Eitelkeit oder roher Instinkte, feilschen und schreien, schreien und streiten vor unsern Ohren und erfüllen alle Gassen der Städte mit dem Interesse ihrer Händel und ihres Erwerbs. Nun läutet das Telefon. Nun kündet die Huppe ein Automobil. Nun rasselt ein elektrischer Wagen vorüber. Ein Bahnzug fährt über die eiserne Brücke. Quer über unser schmerzendes Haupt, quer durch unsere besten Gedanken. Das Heraufholen und Verfolgen objektiver Werte wird zur Tortur. In jede geistige, jede theoretische Schöpfung bricht lärmender Pöbel ein und das praktische »Interesse« lärmenden Pöbels. Alle seelische Kraft wird zur Überwindung dieser ewigen Spannungen verbraucht. Der Mangel an gesundem, tiefem Schlaf zerrüttet unsre Nerven. Die Möglichkeit unsrer Arbeit wurde uns zerstört, bevor wir noch zu arbeiten begannen. Alle Augenblick ein neues unangenehmes Geräusch! Auf dem Balkon des Hinterhauses werden Teppiche und Betten geklopft. Ein Stockwerk höher rammeln Handwerker. Im Treppenflure schlägt irgendjemand Nägel in eine offenbar mit Eisen beschlagene Kiste. Im Nebenhause prügeln sich Kinder. Sie heulen wie Indianer, sie trommeln an den Türen. Ein »großes Reinemachen« steht bevor; ich fliehe aufs Dorf. Dort ist gerade »Schützenfest«. Ein Karussell wird just vor meinem Fenster aufgebaut. Dieses dreht sich acht Tage lang und spielt an jedem dieser acht Tage, acht Stunden lang das Lied von der »stummen Liebe«. Ich fliehe in das *nächste* Dorf. Das Wirtshaus scheint stille zu sein; aber morgen früh um fünf Uhr kommt »gerade zufällig« der

Kaminkehrer. Es verfolgt mich ein Dampfpflug, das Geräusch der Tenne, das Gehämmer des Kesselschmieds, die beständige Klage des Kettenhunds, das Liebesleben aller möglichen Geschöpfe, der Katzen, der Hühner, der Frösche. Dazu klappernde Fensterläden, im Winde scheppernde, lockere Dachziegel, Wetterfahnen, Windharfen. – Es bleibt mir nichts übrig als dem Rate Multatulis zu folgen, ich werde irgendwem die Taschenuhr stehlen, um mir wenigstens Anwartschaft auf etwas Ruhe im Zellengefängnis zu verschaffen …

***

Lieber Leser! Begib dich in das tiefste, weltfernste Alpental, du wirst mit Sicherheit einem Grammophon begegnen. Fliehe in eine Oase der Wüste Sahara, du wirst einen Unternehmer finden, der dort einen Musikautomaten mit Glockenspiel und Trommelschlag soeben aufstellt. Du bist nicht auf den Halligen, nicht in pontinischen Sümpfen davor sicher, dass unvermutet »Ich komme vom Gebirge her« dir entgegendröhnt. Es gibt für Menschen auch in heiligster Gottesnatur kein Glück ohne Geschrei und lärmende Entäußerung! In manchen Gegenden Deutschlands, wo neuerdings starke Hotelindustrie erblüht, z. B. in Oberbayern, in Tirol, in der sächsischen Schweiz ist die Lärmverseuchung so furchtbar, dass ein ganzes Tal, hügelauf, hügelab vollgestopft ist mit Marterinstrumenten, wie Schlagzithern, Gitarren, Mandolinen und schlechten Klavieren. Überall wo Menschen gedeihen, überflüssig und zahllos wie Störe, Kaninchen oder Bandwürmer, allüberall Geschrei und Gelärm, das die Unschuld der schönen Landschaft entweiht! Wo vor einigen Jahren noch der schlafende Pan dich schützte, die Luft vor Schweigen und Stille zu zittern schien und nichts zu erlauschen war als Grille und Biene und wo nur, wenn der Wind den Klang verwehte, ein bescheiden Glöcklein weidenden Viehs oder des Hirtenbubs beschauliche Flöte herübertönte, aus weiter Ferne, – da stellt heute der Berliner Hotelier für ein internationales Publikum den neuesten Phonographen auf, damit für zehn Heller jedes Kind aus Frankfurt oder Liverpool den »Einzug in die Wartburg« höre. Man kann nächstens auf der Jungfrau belauschen, wie »Herr Caruso in New York« den »Hymnus an die Einsamkeit« in den Phonographen singt. Man wird jede bescheidene Trift mit Pensionshäusern und Villen übersäen. In jeder dieser »Villen« wird sich alsbald ein Klavier und eine müßige Dame aus Leipzig zusammenfinden. Auf den sogenannten Villen prangen schöngemalte Namen wie »Waldeszauber«, »Bergfried«, »Alpenrose«, »Tiefeinsamkeit« und »Käthchens Ruh«. Man malt auch ganze Sprüche darauf, wie etwa »my house, my castle« oder »Trautes Heim, Glück allein«. Und diesen Inschriften entsprechen die Pensionspreise. Man kündet durch Inserate, dass man ein Eldorado an Frieden und Glück zu vergeben habe. Und wahrhaftig, auch *der* Augenblick ist nicht fern, wo der letzte südamerikanische Urwald mit dem Ton der Dampfpfeife und des elektrischen Läutwerks durchzogen wird. Und wohin dann der »Fortschritt« und der »gebildete Europäer« kommt, da wird es »*Lärm* setzen«. Ja, es scheint der Lärm das tiefste Charakteristikum des Menschen *schlechthin* zu sein. Denn das erste, was ein »Mensch« unternimmt, sobald er ins Leben tritt, ist, dass er zu *schreien* beginnt. Dieser Schrei ist das spezifische, *anthropologische* Moment, durch das er sich von der Niederung des sprachlosen und stummgeborenen Wesens abhebt. Kein Tier schreit so unaufhörlich, nachdem es den Mutterleib verlassen hat. Nur der Mensch ist ein von Haus aus schreiendes Wesen. Und er bleibt seiner Wesensart konsequent getreu, bis zu seinem immer noch allzu späten Tode. Er schreit mit seiner gesamten Existenz. Er schreit sogar, wenn er schweigt. Er erfand ein sozusagen brüllendes Schweigen. Auch in der Kunst, auch in der Wissenschaft wird überall nur geschrien. Man schreit in Zeitschriften, Zeitungen, Journalen, denn diese sind nichts anderes als fortgesetztes, unaufhörliches öffentliches Betten- und Teppichklopfen. Auch die keuschesten Dinge werden »besprochen«. Was gibt es denn, worüber sie nicht »redeten«? Und selbst in ihren zarten Konfidenzen schreien sie sich an! Nichts, nichts fällt den Menschen schwerer als *schweigend* zu sterben. Und doch ist *dies* der ganze Inhalt ihrer »Kultur«, ist das *Einzige*, wodurch ein Mensch sich auszeichnen und aus dem unergründlichen Gewimmel von Naturwesen emporsteigen kann. Man sagt wohl, dass ihn die Sprache, oder gar dass das Tintenfass vom seelenlos-sinnlichen Vieh ihn unterscheide. Man sollte lieber sagen, dass nur Schweigen absondere. Eine tiefe Weisheit liegt darin, dass bei Homer die Trojaner mit großem Schlachtgeschrei in den Todeskampf ziehen, während die Griechen ohne einen Laut sich in den letzten Kampf begeben.

2.

Es ist das wichtigste Merkmal von Kultur, dass sie die »Unmittelbarkeit« seelischer Regungen unterdrückt. Betrachten wir den »unerzogenen«, »natürlichen«

Menschen, dann finden wir, dass er zu allem und jedem in Sym- und Antipathien spontan »Stellung nimmt«, dass er liebend oder hassend, lustvoll und unlustvoll auf jedes Begegnis unmittelbar zu »reagieren« pflegt. Je kultivierter, erzogener dagegen der Mensch ist, umso eher wird er geneigt sein, vorsichtig sein Urteil zu »suspendieren«. Erfahrung und Urteilskraft lehren Duldung. Ehrfurcht und Scham gebieten die stete Zurückhaltung. – Das, was ich (oben) die »Vergeistigung« des Lebens genannt habe, aber auch Rationalisierung, Logisierung, Ethisierung oder kurzweg »Kultur« hätte nennen können, äußert sich zuvörderst in der strengeren Bindung aller Impulse des Fühlens und Wollens. Das Lieben oder Hassen der Menschen wird indirekter. Die Beziehung zwischen Mensch und Mensch, wie die Beziehung zwischen dem »Subjekt« und seinem »Gegenstande« erfährt beständig wachsende »Distanzierung«. Wenn in Anfängen der Kultur Persönliches und Sachliches so eng ineinander geschmolzen sind, dass das Individuum gar nicht abzulösen wäre von zufälligen, historischen Beziehungen, in die es durch Geburt und Zufall hineingerät, so ist auf *späten* Lebensstufen im Gegenteil die Spannweite zwischen dem Menschen und seiner Welt *objektiver* Ziele und Zwecke so gewaltig geworden, dass das »Sachliche« mit eherner Unerbittlichkeit als eine selbständige, alles Subjektiv-Gefühlsmäßige ausschließende Macht dem Menschen eisern und kalt *gegenüber*steht. Darum wird die Seele immer, immer einsamer. Die *primitive* Bildung, die überall mitten in der Natur und mitten unter ihresgleichen lebt, formt jeden Eindruck sogleich zum *Urteil*, jedes Urteil sogleich zur Tat. Die Unreife ist mit allem und jedem schnell fertig. Denn es ist das gute Recht der Jugend, alles danach zu bewerten, ob es ihr taugen könne oder *nicht*. Die Reife dagegen und in ihr das wachsende biologische *Alter* des Menschengeschlechts dokumentiert sich vor allem in der Fähigkeit vielseitigen Begreifens, die unter dem Gesichtspunkte der natürlichen Vitalität ebenso sehr eine praktische Gefahr, eine biologische Schwächung umschließt, als man sie unter dem Gesichtspunkt der Kultur als wahre Blüte der Humanität *bewundern* muss. Die Bändigung und Vergeistigung der Naturen macht sich nun aber vor allem in der Minderung des Lärmes geltend! Sie macht sich geltend in dem wachsenden *Schweigen*, das uns als Ausdruck wachsender Weisheit und Gerechtigkeit umgibt. – Es ist lehrreich, Völkertypen von verschiedener Domestizierung der Seele in dieser Beziehung zu vergleichen. Es erweist sich zunächst, dass der Unterschied zwischen Lärmhaftigkeit oder Schweigsamkeit des äußeren Lebens mit der Frage zusammenhängt, ob eine Bevölkerung mehr der *spielenden* oder der *arbeitenden* Kultur nahesteht. Wo der Mensch noch das große spielende Kind der Erde ist (unter Völkerstämmen Afrikas, Asiens, Australiens und im romanischen Süden Europas), da herrschen durchaus sinnliche Lautheit und Buntheit, die in keinem richtigen Verhältnisse stehen zu den ganz banalen *Zwecken*, die durch alle diesen Aufwand von Lärm und sinnlichem Anreiz angestrebt und erreicht werden. Der Südländer lärmt eben aus eitel Betäubungslust. Er lärmt mit Behagen. Er übt ganz naiv jene Triebhaftigkeit betäubender Funktionen, die zugleich mit der rationalen Bewusstheit und »Zweckbestimmtheit« auch den *Schmerzen* der Existenz aus dem Wege geht. Der furchtbare Lärm, der sich auch in alle nachdenklichen und feierlichen Stunden des südlichen Lebens drängt, das Geschrei, mit dem diese kindlichen Menschen ihre Toten begraben, ihre Schicksalsschläge zerteilen, ihre Sorgen abwälzen und alle ihre Mängel und Qualen voreinander ausbreiten und auskramen, ja noch persönlichste Verwundungen laut und öffentlich aneinander rächen, – dieses ganze Schrei- und Lärmgetriebe entspricht jener primitiven »Tendenz zur *Verbequemlichung des Lebens*«, eben der*selben* Tendenz, der auf komplizierteren, schwierigeren, arbeitsreicheren Lebensstufen nur noch bewusste Ökonomisierung der Kräfte genug tun *kann*. Dieser naive Lärm besitzt daher ausnahmslos und überall natürlichen Zusammenhang mit spontaner *Vergeudung* oder mit einem Leben luxurierenden *Müßiggangs*. Je verspielter und unrationaler die kindlichen Existenzen sind, in umso *lauteren* Formen des Lebens werden sie sich in der Regel verbrauchen. Alle lebendigen Kräfte, die nicht in »Sanktionen« eingespannt werden und sich nicht auf positive, das Leben heiligende und determinierende Ziele eingestellt haben, sie »verpuffen« in einer Orgie unaufhörlichen Karnevals. Das ganze Leben scheint noch Mummenschanz, Willkür und Sinnlosigkeit zu sein; Taumel oder allerlei vage Begeisterung; unverstandener oder unverständiger Fanatismus; wüste und wilde Demolierungssucht! Und hinter all diesem Gelärme und Getöse der großen, zwecklosen Masse steht doch ein unbändiges, grundloses Selbstgefühl. Die Furcht und Flucht vor Langenweile einerseits und andererseits die lebendige Freude an innerer Entspannung überschüssiger und lungernder Kräfte, – sie toben sich aus in Formen höchster Selbstgefälligkeit. Für diesen inneren Zusammenhang des Lärmes mit menschlichem Macht- und Aktivitätswillen ist unverkennbar charakteristisch, dass jede *Klage* über Lärm (der doch so viele reine Erhebungen, so viele unwiederbringliche Stunden des Menschengeschlechts rücksichtslos mordet), von den Meisten unverzüglich mit einem feinen Lächeln schadenfrohen Wohlgefallens quittiert zu werden pflegt. In diesem leisen Lächeln verbirgt sich die geheime Befriedigung darüber, dass Klage über ein Leiden stets die Anerkennung einer *Macht* involviert. Denn die Lust, seinesgleichen oder gar höher gearteten Wesen subtile Schmerzen zufügen zu können, ist für den rohen, primitiven, gemeinen Menschenwillen durchgängig ein *Haupt*motiv, das ihn bei allen erdenklichen Gelegenheiten zu Skandal und Lärm als zu seiner natürlichen *Lebenswaffe* greifen lässt. Nur mit ihr weiß er sich »durchzusetzen«, andere zu belästigen, ja schließlich moralisch tot zu machen …

***

Lichtenberg hat vom Lärm gesagt, dass er ihn nur *dann* unerträglich fände, wenn er den »Zweck« störender Geräusche nicht einsehen oder billigen könne. Daher pflege er, wenn er eine Horde unnützer Jungen vor seiner Türe lärmen höre, sich lebhaft vorzustellen, dass eben der*selbe* Lärm der*selben* Jungen vielleicht dienen werde, die Franzosen oder Engländer im nationalen Kampf aus dem Felde zu schlagen. Das pflege ihn versöhnlicher gegen die Lärmbolde zu stimmen. Das nenn ich in der Tat echt nordisch-rationell gedacht! – Als ob nicht *aller* Jugendlärm von Kindern und Völkern seinen »Zweck« und seine »Rechtfertigung« eben in sich *selber* trüge?! Die »Rechtfertigung« des ganz unnennbaren Lärmes in italienischen Städten, die Sanktion der unzähligen völlig entbehrlichen Geräusche (die schon das Epos des Malers *Bronzino* tragikomisch aufzuzählen versuchte), – sie liegen ausschließlich in der triebhaften *Freudigkeit*, mit der alle die lärmenden Existenzen, diese Fruchthändler, Hausierer, Limonadenverkäufer, Bettler, Lazzaroni, Taugenichtse, Hochstapler und naiven Gauner ihr Vergnügen an der Sonne in die blauen Lüfte hinausschreien.[2] – Dagegen betrachte man das Antlitz intellektueller und ethischer Kulturen! Die späte biologisch-alte Zivilisation des gelehrten Chinesen, des frommen Buddhisten, des gebildeten Türken, sie bewährt sich vor allem in der stummen bewundernswerten Selbstbeherrschung und kontemplativen Ruhe, die über dem ganzen Leben wahrhaft gebildeter Menschen liegt. Man glaube ja nicht, dass jene grobe Beobachtung richtig ist, die den vornehmen Asiaten phlegmatisch und apathisch schilt. Plötzliche, unerwartete Ausbrüche lange aufgestauter und niedergezwungener Fanatismen widerlegen diese Zumutung. Der Asiat ist kraftvoll und leidenschaftlich; aber zugleich innerlich disziplinierter und gebundener als die jungen europäischen Völker im Durchschnitt zu sein pflegen. Darum schwebt über dem Leben später Buddhisten die Weihe stummer Würde und Ehrfürchtigkeit. In ihr dokumentiert sich jene überlegene Rationalisierung des Trieblebens, die der Mensch nur der Schule der Not, nur einem

2 Als ich in die Wasserstadt Venedig kam, glaubte ich in ein Reich der Totenstille zu kommen, dachte ein »buontempone« zu werden und endlich mal entrückt zu sein alle dem Lärm und Geruch unseres Straßenverkehrs. Aber nirgendwo habe ich solche Schreihälse, solche Schmutzfinken wiedergesehen.

langen, geschlechterlangen Leiden danken kann. – Diese »Überlegenheit der Intellektualisierung des Trieblebens« äußert sich aber auch in der ungleichen seelischen Anlage der *Geschlechter*. Die Frau ist immer und überall »rationaler« als der Mann. Der psychologische Unterschied des weiblichen und des männlichen Vertreters desselben *Typus* läuft allemal auf ungleiche intellektuale *Bindung* psychischer Energien hinaus. Diese ungemein wichtige psychologische Wahrheit habe ich seit vielen Jahren in Schriften und Vorträgen vertreten. Aber ich bezeichne als »Rationalität des psychischen Erlebens« keineswegs *objektive* Bewusstseins*inhalte*. Ich meine *nicht* irgendwelche faktischen Kenntnisse und Bildungsmomente, noch auch etwa Übung in den Funktionen bewussten *Denkens*. Die Frau hat lediglich eine ältere und höhere *Seelenkultur*. Sie verdankt sie der langen Hemmung ihrer *äußeren* Kraftentfaltung. Sie dokumentiert sich in der zweckvolleren Ökonomik der Lebenskräfte, in der größeren Selbstbeherrschung und Tragfähigkeit weiblicher Naturen. Eben diese schweigende Überwindung des Lebens aber gibt dem Menschen seine besondersartige, menschliche *Würde*. Sie ist das Ziel *aller* Erziehung und der seelische Gewinn *aller* Kultur. Denn Erziehung ist Erziehung zum *Schweigen*. Und Kultur lehrt das »Leiden ohne Klage«. Der wohlerzogene kultivierte Mensch wird sich (ganz gleich welcher inhaltlichen, objektiven, materialen Kultur er angehöre und auf welcher Kenntnis- und Bildungsstufe er verharre) immer und überall durch Schweigen und durch Feindschaft gegen undisziplinierte, laute Lebenshaltung auszeichnen.

3.
Kultur ist Entwicklung zum Schweigen! – Selige Ruhe liegt über allem Vollendeten. In keusche Stille sind alle großen Werke der Menschheit gehüllt von hehrer Lautlosigkeit durchtränkt. Dieses hängt damit zusammen, dass alles was im Bereiche *zweifellosen* Wertes liegt, jenseits des *Kampfes* stehen muss, dessen ureigenstes Stigma Lärm und Lautheit ist. In der »Welt des Zweifellosen« gibt es keinen *Streit*. Darum weiß schon *Plato* von seinem Himmel reiner Ideen nichts Kennzeichnenderes zu sagen, als dass man in seinen Sphären keine *Geräusche* höre. Denn alles Geräusch hängt in der Wurzel mit irgendwelchem struggle for life zusammen, sei es in Form der Konkurrenz oder sei es in Form der Abwehr. Lärm ist nichts anderes als ein großes Streitmittel, mit dem ein Geschöpf dem andern zu imponieren versucht. Und auch hinter der subtilsten Art geflissentlichen Lärmes steht noch der Machtwille und die Unvollkommenheit ... Ein altes Sprichwort sagt, dass »Hunde, die am lautesten bellen, am seltensten beißen«; – es zeigt sich in der Tat, dass alles, was sich lärmend anzuempfehlen oder durch Lärmen zu erschrecken sucht von der Sicherheit des *Siegers* am weitesten abwohnt. Jedes Lebewesen aber kämpft mit Waffen, die Not und Schicksal ihm leihen. Das Insekt, das nicht duften kann wie die Lilie, hat wenigstens die Macht, sie zu besudeln. Und so kann auch jeder Fuhrknecht, der das verfeinerte Faustrecht des Lärmens übt, Gedanken im Haupte selbst eines Tasso zerbrechen. Damit wehrt und verteidigt er sich gegen die Macht des Geistes, der auch *sein* Leben langsam in die leidensreiche Fessel der *Kultur* einschmieden will. Man beachte also, womit die Masse des Volkes immer und überall zu argumentieren

und zu kämpfen gewohnt ist! In jeder Volksversammlung entscheidet die Lunge. Missliebigen Staatsmännern zeigen sie durch Gejohle ihre »Weltanschauung« an. Missliebige Gelehrte boykottieren sie durch »Katzenmusik«. Mit nichts anderm beteiligt sich die kompakte Majorität an Aufständen und Revolten, ja an allen ungewöhnlichen Augenblicken der Geschichte, als mit unaufhörlichem Geschrei. Und die sich in Können und Tat am kläglichsten und feigsten erweisen, sind die frechsten und lautesten Schreier! Kein Unglück wird schweigend, kein Kampf in Stille durchkämpft; es muss alles an die Glocke! Überall in der menschlichen Gesellschaft wird lamentiert, medisiert, gebetet, gebettelt und geweint. Denn das sind Mittel, mit denen sich Leiden und Problematik betäuben, mit denen jeder Konflikt sich auf andere abwälzen lässt. Alles aber, was der Mensch noch bespricht, deutet auf einen *Wunsch*, nicht aber auf *Besitz*. – Wenn nur die vitale Energie, die bei einem einzigen unsrer Schützen-, Turner- und Sängerfeste im chauvinistischen Selbstgefühl und patriotischem Gerede verpulvert wird, täglich und stündlich in den Dienst produktiver nationaler *Arbeit* gestellt würde, dann könnte das deutsche Volk bald das vornehmste und beste aller Völker sein! Aber es ist das untrügliche Zeichen unsrer nationalen Unreife, dass bei uns zu vielerlei gelärmt, gewollt und gesprochen wird, während der kulturelle Besitz und die Reife schweigen und leisten würden. Es ist symbolisch, dass die sicherste und edelste Kultur, die es heute gibt, die Kultur der englischen Gentlemen, auch die knappste, schlichteste und leiseste Sprache redet. Der Sprachgebrauch eines polynesischen Inselstammes verwendet im täglichen Umgang *mehr* Worte, Bilder, Tropen und Metaphern als die konzise und schmucklose Sprache der großen, modernen englischen Denker besitzt. Wenn wir Deutsche auf die erhabenen Werke und Menschen der Gegenwart, auf die Schriften *Nietzsches*, auf die Dramen *Wagners* mit Recht stolz sind, so könnten dennoch künftige Geschlechter auch in *ihnen* zu viel Rhetorik und »Kakozelie« finden, um sie als den Ausdruck wahrer kultureller *Reife* schätzen zu können. Die Überlegenheit der stilleren englischen Kultur, die das »never interrupt« das elfte Gebot genannt hat und in der puritanischen Heiligung des Sonntags einen wahren Segen für Kopfarbeiter schuf, zeigt sich vor allem darin, dass sie die Menschen besser *hören* lehrt. Es ist nicht häufig, dass jugendliche Völker und Menschen an der Kunst der Sprache Mangel leiden. Dagegen mangelt ihnen stets die Kunst des Zuhörens. Bei uns *redet* alles. Am meisten unsere Staatsoberhäupter. Und niemand hat *Ohren*, niemand versteht zu hören …

***

4.

Unendlich bevorzugt und liebenswürdig sind die seltenen Menschen, die einem sie anregenden Gegenstande gegenübertreten, ohne Bedürfnis, sich höchstselbst, in eigener Person dazu in Rapport zu versetzen. Eine schöne Blume muss gepflückt und berochen, ein anmutiges Kind geküsst und gestreichelt werden. Ein seltenes Tier wird alsbald geneckt und betastet; eine schöne Frau belästigt und haranguiert. – Wenn die gemeine Roture einem überlegenem Geiste, einem Reicheren, Stärkeren, Mächtigeren gegenübersteht, so ist unverkennbar ihr einziges Bemühen, dass sie nur ja »Eindruck mache«, »ernst genommen«, »estimiert« werde, während der wahrhaft gebildete Mensch gerade dem Bessergestellten gegenüber sich schweigend zurückhalten, überall aber lernen und empfangen wird. Er wird lieber sprechen *lassen* als sprechen. Es ist ihm gleichgültig, was man von ihm glaubt und hält. Er fühlt auch, dass es das gute Recht anständiger Leute ist, sich unbeschadet ihrer »Autorität« mindestens dreimal an jedem Tage »blamieren« zu dürfen. Nun aber blicke man auf das, was allen wohl gefällt und was sie alle lesen und schreiben. Man blicke auf all dieses »Reden über«. Dieses gegenseitige Sichbespiegeln, Sichsezieren, Sichbeobachten. Alles aus der Perspektive machtwilliger Eitelkeit und der Freude, andere nicht anerkennen zu *brauchen* oder im »Anerkennen« sich *selbst* eine Folie zu geben. Der meiste »Publizismus« lebt von diesen rohesten Formen seelischer *Konkurrenz*. Aber auch die meisten ernsten Bücher, die irgendwelche Modeerfolge haben, wollen durchaus die »Menschheit erziehen«, fanatisieren und moralischen Einfluss nehmen durch Schreien und Lärmen. Und was wird nicht vollends an Erziehungsanstalten und Universitäten gepredigt, gelärmt und gebessert! Man gewinnt schließlich den Eindruck, dass es aller Welt nur darauf ankomme, mitzureden, dabei zu sein und lärmende Macht auszuüben. Darauf deutet auch die unsinnige deutsche Einrichtung der »Diskussion«, – wenn etwa nach dem künstlerisch geschlossenen Vortrage eines Sachkundigen Hinz und Peter aufstehen, um irgendwas Nebensächliches, Konfuses oder Verwirrendes ahnungslos und selbstüberzeugt zu Markte zu bringen, worauf es alsbald »in die Zeitung kommt«. Wie wenige ahnen, dass *alles* Reden Irrtum einschließt. Den Irrtum, dass man zu keinem Gegenstand »Distanze« hat, indem man unmittelbar lebendig ist …

***

Auf dem Gipfel trägt Kultur das Ideal allwissenden Schweigens. Jenes *Ende*, das Fiesole im Bilde des Petrus Martyr gezeigt hat. – Es liegt eigene Wahrheit darin, dass auch die Religion das letzte uns verheißene Paradies und die »ewige Seligkeit« als »Hort des *Schweigens*«, dagegen die Hölle als Stätte unausgesetzten Lärmes schildert. – Im Hades wird kein lautes Wort mehr gesprochen. Selbst das Ruder des Charon erregt keinen Laut in stummen Wellen. Der letzte Lärm, der den Scheidenden entlässt, ist der Ruf der am Ufer harrenden Seelen, die sehnsüchtig auf den erlösenden Nachen warten. Im »Christenhimmel« freilich geht es nicht ohne Posaune und Engelchöre ab und die grässliche Aussicht auf verklärte, singende und schmausende Philister. Dafür bieten wenigstens die Schilderungen der *Hölle*, wie sie die Kirchenväter entwerfen, eine umso energischere Verurteilung des irdischen Gelärmes. Ihre Schilderungen schwelgen in dem fürchterlichen Höllengeschrei, das die rachsüchtigen Teufel erheben und in der Vorführung des Jammers, der die sündhaften armen Seelen »tönen macht« …

***

Dante schon sang von der Erfindung eines Teufels. Eine ungeheuere, grässlich dröhnende Glocke, die Tag und

Nacht geläutet wird. An ihren Schallmantel wird das arme Opfer festgeschnallt. Die Schläge der Glocke treffen unaufhörlich sein Ohr, sodass der ganze Körper mitbeben muss, bis schließlich der Wahnsinn dem Gemarterten Erlösung bringt. Das ist das wahrhafte Symbol für den *Lärm* unseres Menschenalters …

Drittes Kapitel

DIE EMPFINDLICHKEIT DES OHRES

»Macht dich der brausende Sturm beklommen?
Zweierlei Hoffnung bleibt dir im Braus,
Durch das Getöse hindurch zu kommen
Oder aus dem Getöse heraus.«
Rückert

Eine endlose Schar von Blutzeugen wider den Lärm wandelt an uns vorüber: Alle geistigen Führer, alle die seelischen Repräsentanten des Menschengeschlechtes, die unter der ewigen Torturierung gelitten haben, deren Gehirn Tag um Tag ihres kurzen Lebens von dem ehernen Hammer zermürbt worden ist. – »Ich finde«, so sagt *Schopenhauer* in seiner Philippika wider Lärm und Geräusch, »Klagen über die Pein, welche denkenden Menschen der Lärm verursacht, in den Biographien oder sonstigen Berichten persönlicher Äußerungen fast aller großen Schriftsteller, z. B. Kants, Göthes, Lichtenbergs, Jean Pauls, ja wenn solche bei irgend einem fehlen sollten, so ist es bloß, weil der Kontext nicht darauf geführt hat«. – Es gibt indessen zweifellos geistige Arbeiter, die vermöge außergewöhnlicher Empfindlichkeit des Gehörs und abnormer Reizbarkeit für Geräusche *mehr* als irgendwelche andere Menschen unter dem Lärme zu leiden haben. Es sind dies fast immer Individuen von spezifisch akustisch-motorischem Typus, wie denn überhaupt bei vorwiegend geistig und abstrakt arbeitenden Menschen das Gehör in weit höherem Maße als das Auge in Anspruch genommen wird und für manche Leistungen und Fähigkeiten des Gesichtssinns vikariierend eintritt. Jeder kann durch Selbstbeobachtung herausfinden, ob er mehr dem akustischen oder dem visuellen Typus zuzurechnen sei, ob er z. B. vor dem Einschlafen vorwiegend von visuellen Bildern oder von Tönen und Wortvorstellungen erfüllt ist, ob in seiner Erinnerung an vergangene Erlebnisse mehr das *Bild* und die Physiognomik des Geschehnisses oder ein darangeknüpfter »Sinn« und abstraktes »Interesse« lebendig zu bleiben pflegt. In der Regel wird man bemerken, dass gesteigerte Empfindlichkeit für akustische Eindrücke die größere Insichgekehrtheit des geistigen Erlebens zur Voraussetzung hat …

***

Eine ungewöhnliche, ja krankhafte Reizbarkeit des Gehörssinnes, die man als eigentümliche »Lärmneurose« ansprechen könnte, zeigt das Leben Thomas Carlyles. Bei ihm spielte der Lärm eine tragikomische, groteske Rolle. Dafür, dass Thomas Carlyle in seinen Schriften selber redlich gelärmt hat (obwohl er, wie *Spencer* erzählt, mit Vorliebe vom »heiligen Schweigen« zu reden liebte), dafür ist er aufs Härteste durch die subjektive Qual, die seine Lärmempfindlichkeit ihm bereitete, gestraft gewesen. Man kann beinahe sagen, dass die Tagebücher und Briefe von Jane Welsh Carlyle, (einer der genialsten englischen Frauen), von nichts und wieder nichts handeln als von der fortgesetzten Sorge, wie sie ihrem hypochondrischen Gatten ein Menschenalter lang besseren Schlaf bereiten und ruhige Arbeitsgelegenheiten schaffen musste. Die Frage, wie »Er« während der letzten Nacht geschlafen hatte, entschied über das Glück oder Unglück eines jeden ihrer Tage, ja jeder Stunde ihres armen Lebens. Und eine Bagatelle, ein Nichts, das Gackern eines Huhns, ein vorüberrollender Lastwagen, das ferne Ticken einer Uhr genügte, um Carlyles Nachtruhe zu vernichten. – *Tyndall* erzählt in seinen schönen Erinnerungen von einer Reise, die er mit Carlyle gemacht hat. Als er eines Morgens in Carlyles Kammer trat, fand er ihn völlig verwandelt, strahlend, wie verklärt. Er wusste sich nicht genug zu tun in Dankbezeugungen für den guten Freund, dessen Fürsorge er acht Stunden festen Schlafes zu verdanken glaubte. Er wollte durchaus das Bett ankaufen und mit nach Schottland nehmen, in dem er so gut geschlafen hatte. Es ist halb rührend und ergreifend, halb aber komisch oder empörend zu lesen, welche Schliche und Kniffe die arme Jane anwenden musste, um diesem maßlos launischen, ganz unausstehlichen Manne die nötige Stille zu verschaffen. Denn obwohl er in den besten Verhältnissen, verhätschelt und umsorgt in der tiefsten Abgeschiedenheit in einem einsamen Hause zu Chelsea lebte, klagt er unaufhörlich über Mangel an Stille. Da werden die jungen Hähne und Hühner, die seine Morgenruhe stören, für schweres Geld aufgekauft; junge Damen durch zarte Aufmerksamkeiten veranlasst, während seines Aufenthaltes nicht auf dem Klaviere zu üben, denn bei dem ersten Tone gerät der grämliche Carlyle in Zorn und beginnt seine ständige Lamentei: »Bei diesem Lärm kann ich weder denken noch existieren.« Ein Hund, der sich herausnahm, Ideen, die den Preis menschlichen Heldentums und das Heil des englischen Volkes bezwecken, durch Geheul meuchlings im

Keime zu töten, wird mit List fortgeschafft, nachdem sein Herr, ein benachbarter Schnapsbrenner, durch einige Flaschen edlen Weines bestochen ist. Obwohl das Arbeitszimmer Carlyles doppelte Wände hat, zwischen denen eine den Schall dämpfende Torfschicht deponiert ist, scheint doch niemals die zur Arbeit und zum Schlafe notwendige Stille zu herrschen und bei jedem neuen Buche träumt der große Schriftsteller davon, es in einer Wüste oder auf einem Schiffe allein, einsam im Ozean schreiben zu dürfen. Es war eine bestimmte, gar nicht seltene Form von Autosuggestion, durch die Carlyle sein Leben sich verbitterte. Er schlief nur darum nicht, weil seine Aufmerksamkeit sich einseitig gewohnheitsmäßig auf das Erdenken von Schlafstörungen eingestellt hatte. Er fühlt sich nicht zufrieden, wenn er keinen Grund sieht, unzufrieden zu sein. Das Schlimmste in solchen Fällen aber ist die suggestive Macht solcher ungewöhnlich energischen »moralischen Dyspeptiker«. Carlyles Einfluss auf andere fügte es, dass seine Form von Neurasthenie sich auf seine ganze Umgebung übertrug. Weil er nicht schlafen konnte, schlief sein ganzes Haus nicht, denn nichts kann man so leicht lernen oder verlernen als den Schlaf… Einen Leidensgenossen von recht eigentümlicher Art hatte Carlyle an dem Mathematiker Babbage. Auch dieser litt an einer Idiosynkrasie gegen Lärm. Diese aber bezog sich auf eine ganz spezifische Lärmsorte, nämlich auf den Klang der in englischen Dörfern überaus häufigen Drehorgeln. Das Lied der Drehorgel machte Babbage weinerlich und arbeitsunfähig. Darum bestimmte er ein für allemal einen Teil seiner Einkünfte dazu, alle Orgeln, die sich irgendwo in seinem Reviere hören ließen, aufkaufen zu lassen. Dies wurde alsbald bekannt und veranlasste eine allgemeine Auswanderung der Orgelmänner zu dem Reviere, wo Babbage wohnte. Dort versuchten sie ihre alten verspielten Instrumente möglichst teuer abzusetzen ... Goethe berichtet, dass er in seiner Jugend sich die Empfindsamkeit gegen Lärm nicht durchgehen lassen wollte und dass er in Straßburg hinter der Trommel der Soldaten einherzog, um sein empfängliches Ohr für Geräusche langsam abzuhärten. Aber es hat ihm wenig genützt. Denn auch Goethe blieb sein Leben lang für jede Art Lärm und Geräusch sehr empfindlich. In dem ruhigen idyllischen Weimarländchen, unter den glücklichsten und würdigsten Lebensbedingungen, unter denen je ein Dichter in Deutschland schaffen durfte, hatte er gleichwohl noch beständig über Unruhe und Lärm zu klagen. Ja, in seinem Alter kaufte er ein in Verfall geratenes Haus neben dem seinigen, nur, um den Lärm bei seiner Ausbesserung nicht mit anhören zu müssen. – Wir finden fernerhin in der Biographie Byrons, Shelleys, Beethovens, Schillers, Mussets, Viktor Hugos, Zolas ausdrücklich erwähnt und durch eine Fülle von Einzelzügen bestätigt, dass sie für Geräusche empfänglich waren und unter Lärm sehr zu leiden hatten. In der Lebensbeschreibung Konrad Ferdinand Meyers erwähnt seine Schwester, dass er schon als Knabe eine übergroße Empfindlichkeit gegen Geräusche geäußert habe. Einen fast schrullenhaften Zug berichtet auch Peter Hille aus seiner eigenen Jugendzeit. Er konnte Flintenschüsse und Pfiffe nicht ertragen und ging in kein Theater, weil er in Furcht war, unerwartete Schüsse oder Pfiffe hören zu müssen. – Einen halb tragischen, halb komischen Charakter hatte der Widerwille Heinrich Heines gegen Lärm. Er dokumentiert sich mit wahrem Galgenhumor, wenn der Dichter in seiner »Matratzengruft«, wo ihn tausend subtile Geräusche quälen, ein Testament aufsetzt, in dem er verfügt, er wolle auf dem Cimetière Montmartre, nicht aber auf dem näheren Père la Chaise begraben werden, »weil es dort ruhiger sei und er weniger gestört sein werde«. – Auch von Richard Wagner, der in seinen Briefen neben allen seinen andern Lamentos auch über den Lärm und die Sorge um eine ruhige Wohnung beständig lamentiert, hören wir, dass er Glassplitter und Scherben unter seine Fenster streuen ließ, um Kindergeschrei von seiner Wohnung fernzuhalten. Auch Fr. Th. Vischer war ein herrlicher Kämpfer wider den Lärm. Neben Schnupfen, Katarrh und Influenza, neben der Bosheit der Hemden- und Kragenknöpfe und der »Tücke der kleinen Objekte« hat ihn nichts so tief wie Lärm erbittert. Halb grimmig, halb lächelnd hat er gegen ihn angekämpft. Als im Sommer 1877 neben dem Stuttgarter Polytechnikum der Stadtgarten angelegt wurde, in dem während der Sommervorlesungen Vischers ein Promenadenkonzert stattfand, da schrieb er im »Neuen Tageblatt« geharnischte Aufsätze wider die Rücksichtslosigkeit seiner schwäbischen Mitbürger. In einem dieser Aufsätze heißt es folgendermaßen: »Vor meinen Zuhörern werde ich so vieler Worte nicht bedürfen. Da brauche ich nicht erst zu beweisen, dass die Wissenschaft *Stille* bedarf, dass, wer sie vorträgt, nicht mit Pauken und Trompeten um die Wette schreien kann; da ist keine Besorgnis, auf die Missachtung der Wissenschaft zu stoßen, die in dieser Sache als eine traurige Erscheinung in unserer Hauptstadt mehrfach hervorgetreten ist. … Es wäre auch noch ein Wort von Belästigung vieler Umwohner durch die laute, lang dauernde Musik zu sagen; da gibt es auch außer Lehranstalten immer solche, die *jetzt* keine Musik hören wollen, weil sie zu anderen Dingen Sammlung bedürfen, gibt es Kranke, kommt es vor, dass Tieftrauernde ein Sterbebett umstehen, denen die stürmische Aufforderung zur Freude wie Hohn erscheint. Gerade der Freund der Musik muss wünschen, dass sie nicht aufdringlich sei, nicht da sich aufwerfe und lange Stunden hindurch breitmache, wo sie zwar einige belustigt, aber andere belästigt.« – Ein andermal beklagt sich Vischer in einem Brief über einen heulenden Hund mit folgenden Worten: »Meine Arbeit verlangt strenge Sammlung des Geistes und diese ist rein unmöglich, während man solche Jammerlaute eines Tieres mit anhören muss. Unter allen störenden Geräuschen ist es gerade dieses, welches in eigentümlicher Art die Aufmerksamkeit dessen, der sich geistig beschäftigen muss, von seiner Arbeit ablenkt. An den Lärm, der mit manchem Handwerk verbunden ist, kann man sich gewöhnen, denn da mengt sich kein Mitleid ein, diese Geräusche schneiden nur ins Ohr, nicht in die Seele. Wer nur einmal versucht hat, während eines nahen Hundegeheuls zu studieren, der weiß aus Erfahrung, dass man auch in den Pausen, in denen das arme Tier schweigt, zu keiner geistigen Sammlung gelangen kann, weil man immer achtgeben muss, wenn er wieder beginnt.«[3] – Eine der merkwürdigsten Äußerungen aber speziell über das Geräusch der *Musik* findet sich bei Kant. Sie lautet folgendermaßen: »Es hängt der Musik ein gewisser Mangel an Urbanität an, dass sie, vornehmlich nach

3 Ich verdanke die aufgeführten Briefstellen der Güte *Robert Vischers* in Göttingen.

Beschaffenheit ihrer Instrumente, ihren Einfluss weiter, als man ihn verlangt, auf die Nachbarschaft ausbreitet und so sich gleichsam aufdrängt, mithin der Freiheit anderer außer der musikalischen Gesellschaft Abbruch tut, welches die Künste, die zu den Augen reden, nicht tun, indem man seine Augen nur wegwenden darf, wenn man ihren Eindruck nicht einlassen will. Es ist hiermit fast so, wie mit der Ergötzung durch einen sich weit ausbreitenden Geruch bewandt. Der, welcher sein parfümiertes Schnupftuch aus der Tasche zieht, traktiert alle um und neben sich wider ihren Willen und nötigt sie, wenn sie atmen wollen, zugleich zu genießen, daher es auch aus der Mode gekommen ist.« – Endlich kann ich mir nicht versagen, ein paar Sätze eines ausgezeichneten Pathologen, Georg Strickers, hierher zu setzen: »Man gibt sich in der Schule so viele Mühe, die Augen zu schonen, warum vernachlässigt man die Ohren der Jugend? Die Lage der meisten Schulgebäude gestattet es, dass das Getöse der Straße quälend und zerstreuend zu den Ohren der Schüler dringt. Was für Störungen und überflüssige Anstrengungen beim Denken, beim Lernen, beim Lesen durch Lärm und Geräusche aller Art hervorgerufen werden, weiß jeder, der nicht ganz ohne Hingebung und Ernst bei seiner Arbeit ist. Allerdings gibt es Leute, die im größten Lärm, wie sie behaupten, geistig arbeiten können. Es ist eben ihre Arbeit und ihr Geist danach. Je feiner ein Gehirn gebildet ist, desto gröblicher wird es von zwecklosen Gehörseindrücken in seiner Tätigkeit gestört.… Die Erholung, welche der Städter immer und immer wieder im Gebirge, auf dem Lande, am Meere sucht, ist wesentlich eine Erholung seiner vom Ohr aus erschöpften Nerven. Was dieser Lärm bedeutet, merkt er meistens erst, wenn er ihm eine Zeitlang entrückt war. Dann begreift er kaum, wie er sich wieder gewöhnen soll an das Gerassel der Bäckerkarren und Fleischerwagen, welche in der Frühe um die Wette toben, an das Gepolter und Geläute der Lastwagen, der Pferdebahnen, der elektrischen Bahnen, welche ihnen bald folgen, an das Getöse der Straßenreinigungsmaschine, die in tiefer Nacht die anderen Lärmmaschinen ablöst und donnernd das Haus des müden Bürgers umkreist, an all die anderen fürchterlichen Töne, mit welchen die Stadtbahn, der Güterbahnhof, nachbarliche Akkumulatoren usw. ruhelos zu allen Stunden der Nacht das Wort des Dichters verhöhnen: »Ringsum ruhet die Stadt, still wird die erleuchtete Gasse.« Freilich gewöhnt man sich wieder daran, wie man sich an Gift gewöhnt, das heimlich die Gesundheit untergräbt und nicht mehr für ein Gift gehalten wird, bis der plötzliche Zusammenbruch der Kräfte es schrecklich lehrt. Für einen gesunden, nervenstarken Erwachsenen mögen ein paar Ferienwochen alljährlich genügen, die schädlichen Wirkungen des Stadtgetöses auszugleichen. An einem Kinde, das seit den ersten Tagen der zartesten Jugend in Wochen und im Schlafe von der »erfreulichen Stimme der Kultur« verfolgt wird, gehen die Wirkungen nicht schadlos vorüber. Die größere Häufigkeit der Gehirnentzündungen, der schwerere Verlauf der Fieberkrankheiten in den Städten ist nur eine auffallendere, nicht die schwerste und allgemeinste Wirkung des Stadtlärmes.«

2.

Wenngleich man sich vorzustellen vermag, dass ein Lebewesen auch mit anderen als den uns bekannten

Sinnesorganen sich eine »Welt« aufbauen und lebend in ihr orientieren könne und dass somit nur »Zufall« ist, wenn wir uns mit Auge und Ohr und nicht durch irgendwelche andere unfassliche, uns unbekannte Sinne verständigen, so obwaltet doch in Entwickelung, Höhersteigerung und gegenseitigem Verhältnis der *gegebenen* Sinne die sicherste *Notwendigkeit.* Es scheint mir hierbei außer Frage zu sein, dass die Verfeinerung des menschlichen Gehörs einer komplizierten, entwickelungsgeschichtlich *späteren* Stufe zukommt, als selbst die differenzierteste Empfänglichkeit für Phänomene des Lichtes und der Farbe. Die »Welt« des Ohrs ist die reichste und subtilste! Die Erlebnisse des Ohrs sind zarter, mannigfaltiger und intensiver als alles, was durch das Auge erlebt werden *kann.* – Hiermit aber hängt auch der Umstand zusammen, dass das Gesicht ein weit *trägerer*, jüngerer und weniger eingeschliffener Sinn als das Gehör ist und dass Reaktionen auf Schallreize schneller und prompter als Reaktionen auf Licht- und Farbenreize zu erfolgen pflegen. Es besteht die merkwürdige Relation, dass je subtiler und je reicher gegliedert eine Klasse von Empfindungen zu sein pflegt, umso stärker auch die *»Empfindlichkeit«* für eben dieses Bereich von Empfindungen sich entwickeln muss. Dies nämlich ist die notwendige Voraussetzung dafür, dass sich eine *noch weitere* faktische Differenzierung der betreffenden Empfindungssphäre an uns vollziehen *kann.* Hieraus aber folgt, dass auf jedem Sinnesgebiete die Empfänglichkeit für *quantitative* Steigerung der Reize zugleich mit der Fähigkeit der Wahrnehmung für neue *qualitative Unterschiede* anwachsen muss …

***

Es ist eine praktisch oft erprobte Erfahrung, dass dasselbe Individuum für die feinsten Unterschiede eines Sinnesgebiets zwar *»empfindlich«* ist, dennoch aber der gröbsten *Anstöße* bedarf, um diese feinsten objektiven Unterschiede zu *bemerken.* – Daher kann ohne Widerspruch geschehen, dass die feinste psychische »Reizbarkeit« mit der schlimmsten objektiven Vergröberung der Reize, dass z. B. der zarteste Farbensinn mit dem rohesten Farbenmissbrauch oder das feinste Gehör mit dem schrecklichsten Gelärme zusammengeht und sich gar wohl verträgt. – Gleichwie ein Gourmet, der nur noch in den seltensten Anreizen der Zunge einen *neuen* Genuss findet, sich schließlich gerade zu den allerprimitivsten Genüssen bekehrt, so geht auch im Gebiete höherer Sinnlichkeit, Verinnerlichung des Empfindens und Roheit der *faktischen* Empfindungsausdrücke sehr oft zusammen. Wenn ich ein Beispiel aus einer nur scheinbar entlegenen Sphäre heranziehen darf, so möchte ich auf die Entwickelung unseres Theaterwesens hinweisen. Roheit und Feinheit, wüster Sensations- und Kolportagestil einerseits und fast krankhaft geistige Finesse andererseits sehen wir auf unsern Theatern immer *gemeinsam* auftauchen. Es erscheint gerade so, als wenn unsere Nervensysteme *zugleich* stumpf und hypererethisch geworden seien. Sie sind zwar *empfänglich* für die leisesten Anreize, und leiseste Anstöße *genügen* schon, um starke Wirkungen auszulösen, aber sie bedürfen zugleich starker *»Anlässe«*, damit diese überfeinerte Wahrnehmungs*fähigkeit* de facto in Kraft trete …

***

Dieser subtile Zusammenhang kehrt nun auch in der Geschichte des *Lärmes* wieder. Wir sind zugleich entsetzlich laut und entsetzlich musikalisch geworden. – Wenn (nach Schopenhauers Angabe) Thomas Hood von den Deutschen sagte for a musical people, they are the most noisy I ever met with, so steht wohl eine ganz unrichtige Beobachtung dahinter. Denn Stumpfheit gegen Lärm und Empfänglichkeit für Musik, große Lärmhaftigkeit des Volkslebens und qualitative Verfeinerung des Gehörs bilden durchaus keinen konträren Gegensatz. Vielleicht sind die feinsten musikalischen Ohren in Stadtvierteln zu Hause, vor deren Getöse ein unmusikalischer Kannibale die Flucht ergreifen würde. Der »Naturmensch«, der ein weit undisziplinierteres und gröberes Gehör besitzt, ist zugleich für Gehörseindrücke aufmerksamer und bewusster als der Kulturmensch. Umgekehrt scheint das *selbe* Individuum zu einer extremen Lautheit des äußeren Lebens zu neigen, das doch zugleich für die geistigsten Intervalle der Musik und für die zartesten Naturgeräusche (wie Rauschen im reifen Korn, Rieseln des Regens auf Gebüsch und Sand, Knistern aufbrechender Knospen oder Rascheln fallender Blätter) tief *empfänglich* ist. Dieser moderne Mensch scheint so »nervös« zu sein, dass ihn nur das ganz zarte oder das ganz laute Geräusch zu *fesseln* vermag. Nur Sinneseindrücke auf sozusagen *mittlerer* Linie übergeht er in gewohnheit-gewordener Stumpfheit ...

***

Auf dieses merkwürdige Beieinander von Feinheit und Lautheit deutet vor allem die Entwickelung der modernen Musik hin! Ist es nicht geradezu ungeheuerlich, wenn auf einem internationalen Musikfest zu Boston unlängst 20 000 Solisten beiderlei Geschlechts, 2000 Mann Orchester und mehrere Hundert Dampforgeln mitgewirkt haben? – Und wenn ich in der Zeitung des heutigen Tages lese, dass Kaiser Wilhelm gestern Abend zunächst ein Kanonenstück von Wildenbruch und danach »Wer hat Dich Du schöner Wald« aus 1200 sangesfreudigen deutschen Männerkehlen genossen hat, heute früh aber bereits wieder durch den »Huldigungsmarsch von Schultze ausgeführt von sämtlichen Kapellen der Garnison« geweckt worden ist, dann erfasst mich halbwegs staunende Bewunderung für solchen Nervenapparat, halbwegs ein großes Mitgefühl. – Und hat nicht endlich das Opernwesen seit Richard Wagner eine »Dynamik« erreicht, die an die Reaktionsfähigkeit des kultivierten Ohres scheinbar nicht mehr zu überbietende Ansprüche stellt? – Dennoch ist diese Entwickelung zur Lautheit mit einer entschiedenen *Verfeinerung* des Gehöres zusammengegangen!

***

Man liest oft die Behauptung, dass das »Tier« (insbesondere Katze und Damwild) ein »feineres Ohr als der Mensch besitze«. Das ist vollkommen unrichtig. Wir kennen kein Lebewesen, dessen Gehörapparat so fein und kompliziert wie der menschliche wäre. Wohl aber bemerken wir bei vielen Tierarten eine größere Empfänglichkeit für Geräusche, weil ihre »Aufmerksamkeit« noch einseitig auf Schallwahrnehmungen eingestellt ist. Ein großer Teil der Tierwelt ist gezwungen, um seiner Nahrung und Sicherheit willen, sich beständig durch das Ohr zu orientieren. Der Mensch aber würde gerade *vermöge* seiner höheren nervösen Reizbarkeit in kurzer Zeit zugrunde gehen, wenn er alle Geräusche, die von seinem Gehöre perzipiert werden oder für sein Ohr perzipierbar sind, auch de facto apperzipieren wollte. Die notgedrungene Gewöhnung an Umgebungsgeräusche jeder Art, wie Zischen, Stoßen, Kreischen, Pfeifen und Schreien bewirkt, dass beim Menschen durch andauernde Schwingung der vielen Gehörteile zahllose Nervenstränge chronisch erschlaffen. Sein Hören wird schließlich zu einer rein empfindenden Tätigkeit und die unzähligen Einzelgeräusche im Hause und auf der Straße kommen nicht mehr in sein wissendes Bewusstsein. In der Gewohnheit, nur komplexe Klänge zu apperzipieren, wissen wir schließlich nicht mehr, aus welcher Art »Tönen« Geräusche zusammengesetzt sind. Gleichwohl hören wir doch alle diese Töne und Untertöne feiner als jedes Tier. Darauf deutet sowohl die *Möglichkeit* der Klanganalyse, wie der anatomische Bau unseres Gehörorgans. Der Mensch besitzt zirka 15 500 Hörzellen und wenn wir auch nur vermuten dürfen, dass jede einzelne Hörzelle auf einen anderen Ton abgestimmt ist, so können wir doch bei einiger Übung mindestens 4000 Töne mit voller Sicherheit unterscheiden. Wie fein aber ein Gehör ist, das auch nur 1000 Töne voneinander scheiden kann, ermessen wir an der Tatsache, dass unsere größten Konzertflügel nur 87 Töne besitzen. Allein zwischen den Tönen a und b vermag das normale Menschenohr wenigstens dreißig weitere Zwischentöne wahrzunehmen. – Die Katze, die scheinbar viel feiner hört und jedenfalls auf den leisesten Ton *reagiert*, hat doch nur 1200; der Hase aber, der wiederum feiner hört als die Katze, hat nur 7000 Gehörzellen. Dieses alles beweist, dass die Abgestumpftheit des Menschen gegen leise und mittlere Geräusche keineswegs auf verminderte Empfänglichkeit seines Gehörsinns deutet. Man muss die Anregungsschwelle und die Ausdrucksschwelle, die faktische Empfänglichkeit und den Ausdruck der Empfänglichkeit wohl unterscheiden.

***

Niemand darf jedoch glauben, dass das ewige Schwingen in Ohr und Hirn, wenn es auch schließlich nicht als bewusstseinweckende *Hemmung* empfunden wird und darum keine Reaktionen mehr auslöst, nun für menschliches Leben und menschliche Gesundheit *gleichgültig* geworden sei. Die Natur hat Schnecke und Cortisches Organ wohlweislich zutiefst in die Schädelhöhle gelegt, weil es von allen unsern Organen das komplizierteste und empfindlichste ist und mit der geistigen Bewusstheit des Menschengeschlechtes die innigste Verbindung besitzt. Hierauf deutet auch der entwickelungsgeschichtliche Umstand, dass seine Reife und Ausbildung die längste Zeitdauer erfordern. Denn wie überall das Kompliziertere später zur Reife kommt als das minder Komplizierte, so kommt auch das Gehör zugleich mit der Sprache erst dann zu seiner *vollen* Entwickelung, wenn jede andere sinnliche Reaktionsfähigkeit schon auf ihrem Gipfel angelangt *ist*. Auch lässt in der Regel im Prozesse des Alterns die Kraft des Auges früher wieder nach als die des Ohres … Wir empfinden jedoch die von uns beständig perzipierten Geräusche unserer Umgebung schließlich nicht mehr als Hemmung und somit auch nicht als gegenständliche Gegebenheit, weil sie für das gewohnte Leben keine Gefahr und eben darum keinen Ansporn zu apperzeptivem Aufmerken in sich schließen. Gleichwohl sind diese Geräusche doch beständig da. Sie üben beständig ihren bohrenden, unterminierenden, kraftverbrauchenden Einfluss. Man könnte sie etwa mit dem Druck der uns umgebenden Atmosphäre vergleichen, der auch nicht bemerkt und niemals störend empfunden wird, zweifellos aber zu seiner Überwindung ein bestimmtes Kraftmaß in unserem Lebenshaushalte, ein bestimmtes Maß vitaler Energien dauernd in Anspruch nimmt. Ich möchte vermuten, dass mancherlei allgemeine physiologische »Dispositionen«, die wir als Organgefühl, Gemeingefühl, Stimmung und dergl. ansprechen, auf Konto dieses uns unbewussten Perzeptionszwanges zu setzen seien. Zumal der Großstädter empfindet häufig dunkles Unbehagen, Erschöpfung oder nagendes Ermüdetsein, dessen Quell ihm erst klar wird, wenn die Aufmerksamkeit zufällig auf Geräusche der Umgebung fällt, deren Einwirkung vielleicht schon Tage und Monate von den Nerven ertragen wurde, ohne dass diese Störung irgendwie bemerkt worden wäre. Ja, es geschieht beständig, dass die schädigende Wirkung von Geräuschen uns erst bewusst wird, nachdem sie zu wirken aufgehört haben, während doch in jedem *anderen* Sinnesgebiet das Geltendmachen von »Schmerz« das unmittelbare *Dasein* biologischer Schädigung anzeigt.[4]

***

Wir arbeiten somit scheinbar ungestört unter dem Einflusse ferner Flintenschüsse oder Trommelwirbel, rammelnder Handwerker oder klappernder Schreibmaschinen, so wie der Schmied das Dröhnen seiner Hämmer, der Uhrmacher seine Uhren und der Müller das Schlagen seiner Räder nicht mehr wahrnimmt. Aber sobald einmal Stillstand im Geräusche eintritt, beginnen »die Ohren zu summen«. Es beginnt sich die aufstachelnde Wirkung des Geräusches nachträglich an seinen *Folgen* zu zeigen. – Man hat an fast allen Arbeitern, die lange in einer Kesselfabrik oder in Appreturen gearbeitet haben, eine eigentümliche Krankheit gefunden, die man »Kesselmachertaubheit« genannt hat. Das Trommelfell verdickt sich unter Einwirkung des Lärms. Das Gehör wird gegenüber dem spezifischen Hammerlärm schwächer, bis schließlich auch Schwächung für jede *andere* Art Geräusche und zuletzt vollkommene Taubheit eintritt. Was sich hierin geltend macht, ist eine wahrhaft heilsame Schutzvorrichtung des gefährdeten Organismus. Und zwar des *ganzen* Organismus; denn jede Reizung oder Überreizung eines einzelnen Sinnesgebietes trifft zweifellos den *gesamten* Nervenapparat, sodass es zur Lebensforderung des Individuums wird, dass ein dauernd gefährdetes Organ

4 Erst in jüngster Zeit ist uns gelungen, die Arbeit zu *messen*, die ein perzipierter Ton auf das Trommelfell ausübt. Es wurde gefunden, dass bei einem sehr lauten Ton diese Arbeit etwa ein tausendstel Erg beträgt, dass man aber auch bei einem millionstel Erg noch deutliche Tonempfindungen hat.

gegenüber Anforderungen, denen es sich nicht anpassen *kann*, schließlich zur Degeneration gezwungen werde. Eine bloß partielle Abstumpfung oder Unbewusstheit dagegen könnte uns nicht beschützen, da sie ja keine »Unempfindlichkeit« in sich schließt, sondern mit der fortdauernden feinsten Wahrnehmungs*fähigkeit* gar wohl verträglich ist ...

***

3.

Welche Unsummen von Gehörseindrücken wir in jedem Augenblick des Lebens de facto perzipieren, bemerken wir nur, wenn wir uns die Mühe geben, irgendein komplexes Geräusch, das in eine dem Lärme abgewandte Arbeit unbewusst hineintönt, uns bewusst machend, zu analysieren. – Eine einzelne »quietschende« Türangel z. B. produziert pro Sekunde etwa 1000 bis 3000 Hin- und Herbewegungen zahlloser Eisenteile, dem die gleiche Anzahl Schwingungen des Trommelfells, des Mittelohrs und Labyrinthes entsprechen muss. Ein heftiges Türenwerfen im Hause, wie es bei unerzogenen Menschen so beliebt ist, entwickelt ein Konglomerat von Geräuschen, die durch zahllose Schwingungen zahlloser Eisen-, Holz- und Glasteile bewirkt werden und zu ihrer Wahrnehmung sämtliche Membrane des Ohrs und die gesamte Klaviatur der Hörzellen in unaufhörliche, schmerzliche Vibration versetzen. – Wenn ein schweres Lastfuhrwerk über den Straßendamm rollt, dann teilen sich die Schwingungen des Pflasters sämtlichen Häusern der Umgebung mit, die in den Grundfesten erzittern. Diese Schwingungen aber übertragen sich auf sämtliche Gegenstände jedes Zimmers, deren jeder in einem bestimmten Eigenton in die allgemeine Erschütterung einstimmt, während das Stampfen der eisernen Hufe auf dem harten Straßenpflaster alles überlärmende Tonfolgen von d" bis fis''' hervorlockt, die ein zur Erde geneigtes Ohr noch aus mindestens zwei Kilometer Entfernung deutlich vernehmen könnte. – Versuchen wir aber vollends in das zu unserem Fenster dumpf emporbrausende Geräusch der Straße hineinzuhorchen, so können wir in jeder Sekunde jeden von den 4000 für uns vorhandenen Tönen deutlich hervorholen und wenn wir einen beliebig abgestimmten Resonator ans Ohr halten, so findet sich, dass jeder mögliche Ton auch in einer scheinbar »ruhigen« Umgebung fortdauernd in unsere Ohren einbrandet. – In diesem Augenblick z. B. höre ich (während ich in einer Wirtshausstube über den Lärm schreibe) von der Straße her viele charakteristische Vokale im Rufe verschiedener Menschen- und Tierstimmen; höre melodische Terzen und Quinten der Ausrufer von Kartoffeln und Fellen und bestimmte Töne, an denen ich Typen des Ganges oder der Bewegung unterscheiden würde, auch wenn ich nicht sehen könnte, *wer* an den Fenstern vorübergeht. Wenn eine Modedame auf hohen Absätzen vorüberrauscht, dann höre ich deutlich ein bestimmtes Knarren im hohen e jeden andern Laut übertönen. Stampft ein Bauer auf klobigem Schuhwerk daher, so produziert sich das in kleinen g. Wenn aber ein Offizier den Säbel über das Pflaster schleift, so hört man eine Tonskala, deren Grässlichkeit höchstens mit dem Rasseln eines Spazierstocks über den eisernen Gartenzaun oder mit dem Aneinanderwetzen zweier geschliffener Messer verglichen werden kann.[5]

***

Da der Lärm, gleich seiner edlen Schwester Musik, ausschließlich das Affekt- und Willensleben des Menschen aufzurütteln vermag, so kann er zu Gewaltakten, ja zu Verbrechen verführen, die in Ruhe und Stille niemand zu begreifen vermag. Die geschichtliche Überlieferung bezeugt, dass »Gewaltnaturen« wie Alexander der Große und Erich der Gute, von Dänemark, durch die Wirkung aufreizender Musik zu Mördern ihrer vertrautesten Freunde geworden sind. Wir lesen auch von Napoleon, dass dieser »Eisenmensch« Musik und lautes Geräusch als so unerträgliche Nervenqual empfunden hat, dass er bei ihrem Anhören zum Weinen gezwungen wurde. Und in der Tat, jedermann weiß aus Erfahrung, dass es keinerlei emotionelle Regung gibt, die nicht auf dem Wege der Tonwahrnehmung in die Seele Einlass finden *könnte*. Eben darum ist es nur natürlich, dass das für Töne besonders empfängliche Individuum jedes Geräusch als Vergewaltigung und Zersplitterung seines Selbst empfindet und fürchtet. Alles, was in unsere Ohren eindringt, stellt ja die *Forderung*, uns in fremde Willens- und Gefühlszustände hineinziehen zu lassen. Je individueller daher unsere Arbeit und unser Leben ist, je mehr wir Sammlung, Einkehr und Selbstbewahrung *nötig* haben, um so furchtbarer

5 Die Apperzeption der Einzeltöne, die uns die »Klanganalyse« vermittelt, kann sogar zur apperzeptiven Manie werden. Wenn ich mich lange geübt habe, Geräusche in Einzeltöne zu zerlegen, so stellt sich die »Disposition« ein, jedes in der Umgebung auftauchende Geräusch mir bewusst zu machen.

muss der fortdauernde Anreiz zu Ablenkung und Zersplitterung, den eine laute, sich aufdrängende Umwelt ausübt, uns quälen, verbittern und demütigen. Hierzu aber kommt, dass die Orientierung durchs *Ohr* ein Spezifikum der *geistigen* Wesen und darum die vornehme Besonderheit des *Menschen* ist. Mehr als jedes andere Naturwesen ist der Mensch auf sein Gehör angewiesen. Das dokumentiert sich in der unvergleichlichen Schönheit und Bildungsfähigkeit seiner Stimme. Denn überall, wo die »*Welt*« aus Ton und Klang gewoben wird, ist auch die *Stimme* klangreich und wohltönend. Diejenigen Wesen dagegen, die sich vorwiegend durch die gröberen Sinne, insbesondere durch den Geruchssinn orientieren, haben auch raue, hässliche und ärmliche Organe. Organ und Gehör stehen im Verhältnis wechselseitiger Abhängigkeit. Man denke nur an Singvögel und Raubtiere ...

***

Wir wissen kaum, in welchem Grade *musikalische* Elemente der Sprache, wie Tönung und Klangfärbung, bei allem Verstehen und Sichverständigen leitend sind. Nicht, was wir »vernehmen«, sondern was wir hören, ist das für uns Wichtige. – Jene rein perzeptive Seelenfühlung, die die unbewusste Direktive auch für alle Menschen- und *Weltkenntnis* bietet, rechnet nur wenig mit dem, *was* einer redet; aber sie weiß sehr feinhörig das unbewusste *Wie* der Rede zu erlauschen, welches niemand klar in seiner Gewalt hat. Ja, ich glaube, dass der Mensch sogar sich selber nur so lange versteht, als er schweigt; sobald er aber zu reden beginnt, ist sicherlich irgendjemand unter den Hörern besser imstande, den Redenden zu verstehen, als er sich selber zu durchschauen vermöchte. Was sich aller Bewusstheit, Willkür und Verstellung entzieht und was niemand an sich selbst kennt (so wenig als das Auge sich selber sieht), das liegt ausschließlich in den klanglichen Elementen der Stimme verborgen. Daraus erklärt sich auch, dass Blinde, die nach Shakespeares schönem Worte »mit den Ohren sehen«, einen *besseren* Schlüssel zur Seele und damit eine reichere Weltkunde besitzen als Taube oder Taubstumme. In der Geschichte der Künste haben die Blinden stets eine bedeutende Rolle gespielt; Taube dagegen und Taubstumme nur selten reicheres Weltgefühl geoffenbart. Sie sind in der Regel misstrauisch, unzufrieden; ihr verzagtes, ängstliches, hilfloses Gesicht beweist deutlich, dass sie keinen Anteil an dem Glücke weiten geistigen Verständnisses haben, das das Antlitz der Blinden friedlich und ehrwürdig macht.

***

Wie groß der *unbemerkte* Einfluss ist, den viele Empfindungen von Tönen, Lauten, Klängen und Geräuschen auf unser Erleben ausüben, das erweist sich besonders an der Entwickelung der Sprache. Ich denke zunächst an die unbewussten »onomatopoetischen« Wortbildungen. Etwa an Tatsachen wie die, dass die Namen der meisten Geräusche das betreffende Geräusch *selber* hervorbringen, d. h. dass der Laut des Wortes der Höhe oder Tiefe des Geräusches *entspricht*, das durch das betreffende Wort bezeichnet wird. Man wird z. B. in den Worten brummen, donnern, poltern, rauschen, brausen, rasseln, knarren, schmettern, piepsen, piepen die Tonart des von ihnen bezeichneten Geräusches unschwer wiedererkennen. Auf dieser tonmalenden Funktion der Sprache beruht bekanntlich insbesondere der Reiz des Stabverses und der Alliteration. – Viel wichtiger aber als diese Produkte unbewusster Gehörsempfindungen sind die zahllosen rhythmisch-musikalischen Elemente der Sprache, hinter denen ebenfalls ungemerkte Gehörseindrücke stehen. Gerade die Erscheinungen des »*Rhythmus*« deuten auf anthropologische Verwurzelungen, deren Untersuchung den Wissenschaften der Tonpsychologie wie der Musikästhetik eine konkrete Grundlage gibt. Ich will daher wenigstens im Vorübergehen auf Tatsachen hinweisen, mit denen sich die *Physiologie* des Lärms und der Geräusche seit alters beschäftigt hat. Man weiß, dass durch Lärm und Geräusche sekretorische wie exkretorische Funktionen gesteigert, gemindert oder sonst wie verändert werden. Man hat auch versucht, die physiologische Wirkung bestimmter Töne und Tonfolgen festzustellen und das Altertum pflegte sogar die musikalischen »Tonarten« nach physiologischen Gesichtspunkten zu *unterscheiden*. Man meinte, dass eine bestimmte Tonart (die äolische, phrygische, dorische usw.) auf bestimmte körperliche Organe, auf Herz, Magen, Rückenmark usw. Einfluss habe. Hierauf begründete sich jene merkwürdige Therapie des Mittelalters, die durch bestimmte Töne und Instrumente gewisse Krankheiten zu heilen unternahm; etwa Wassersucht mit einer Flöte aus Zedernholz, Fieber durch Mollakkorde auf einer Weidenflöte u. dergl. mehr, abergläubisch-mystagogische Spielereien, hinter denen gleichwohl ein tiefer Einblick in die physiologische Wichtigkeit der Geräusche steckte. – Es ist freilich nicht viel damit getan, wenn man (wie noch neuerdings *Th. Billroth* versuchte), den Rhythmus und den Zeitsinn zu physiologischen Tatsachen, etwa zu Systole und Diastole des Herzens in Beziehung bringt. Aber es bleibt immerhin eine Aufgabe der Wissenschaft, alle somatischen Korrespondenzen von Tönen, Klängen oder Geräuschen und insbesondere ihre Beziehungen zu den Empfindungen *anderer* Sinnesgebiete wie z. B. der Farbenempfindung durch Experimente aufzuzeigen.[6]

4.

Über die individuelle *Empfänglichkeit* verschiedener Menschen für Ton-, Klang- und Geräuschempfindungen hat man nun in der Tat mit den Methoden der experimentellen Psychologie mannigfache Untersuchungen angestellt. In einigen Kliniken sah ich folgende einfache Vorrichtung, mit deren Hilfe man die Empfänglichkeit für Geräuschwahrnehmungen während des Schlafens und somit die individuelle Schlaftiefe festzustellen wähnte. –

6 Die Bezeichnungen Ton, Klang und Geräusch habe ich in dieser Arbeit nicht streng gegen einander abgegrenzt, – denn es war für ihren Zweck durchaus unnötig. – Im Übrigen bezeichnet man als »Ton« nur die akustische Elementarempfindung. Als »Klang« ein aus »Teiltönen« zusammengesetztes akustisches Gebilde, dessen »Farbe« von der Intensität der es zusammensetzenden Teiltöne abhängig ist. Als »Geräusch« eine Folge von Tönen, die entweder hinsichtlich der Schwingungszahl differieren oder einen sehr schnellen, unregelmäßigen Wechsel der Tonhöhe aufweisen (wie z. B. das Heulen des Windes, das Plätschern des Wassers) oder von denen jeder einzelne Ton nur ganz kurz andauert.

In dem von der Versuchsperson bewohnten Schlafraum wird ein Kasten angebracht, aus dem alle paar Stunden Kugeln von bestimmtem Gewicht, aus bestimmter Höhe auf eine Metallplatte herabfallen. Sobald das Kugelgewicht die Platte berührt, wird ein Stromkreis geschlossen, durch dessen Einwirkung eine mit ihm verbundene Uhr, die Tausendstelsekunden anzeigt, zum Stillstehen kommt. Der Versuchsperson wird lediglich gesagt, dass, sobald von ihr während der Nacht ein Fallgeräusch gehört wird, sie auf einen an der Wand neben ihrem Bette befindlichen Knopf drücken solle. Dadurch wird dann die Tausendstelsekundenuhr wieder in Gang gesetzt. Mithilfe eines zweiten Zeigers der Uhr, der dauernd in Gang bleibt, kann der Experimentator konstatieren, wie viel Sekundentausendstel zwischen dem Fall der Kugel und der Wahrnehmung des Geräusches vonseiten des Schlafenden verstrichen waren; oder ob der Schlafende das Geräusch etwa gar nicht bemerkt hat. Auf diese Weise konstatiert man, welche Geräuschstärken und Geräuscharten geeignet sind, um eine bestimmte Person, zu bestimmtem Termin, und unter vorbestimmten Versuchsbedingungen aus dem Schlafe zu erwecken. Vorzüglich wurden diese Versuche benutzt, um die einschläfernde Wirkung neuer Schlafmittel zu erproben. Oder man erprobte den Einfluss der Beschäftigung während des verflossenen Tages; – etwa den Einfluss körperlicher Ermüdung; oder untersuchte die Wirkung einer bestimmten Dosis Alkohol auf die Schlaftiefe. Indessen kommt bei jedem derartigen Versuche (soweit man die Versuchsreihen auch ausdehnen mag), eine solche Fülle ungleichartiger und zum Teil unkontrollierbarer Faktoren im Resultate zum Ausdruck, dass man schließlich nichts anderes ersehen kann, als eben die *pragmatische*

Tatsache, wie tief ein bestimmter Mensch zu bestimmter Stunde geschlafen hat, ohne dass man die körperlichen und seelischen Einzelursachen irgendwie zu isolieren vermöchte. – Ebenso wenig überzeugend erscheinen mir die Resultate von »Gehörproben«, die man mit exakten Untersuchungen des Zeitsinnes oder der Reaktionsgeschwindigkeit im *wachen* Zustand zu kombinieren versucht. Das schematische Verfahren bei diesen sehr variablen Experimenten ist etwa folgendes. Aus einer bestimmten, variierbaren Höhe fallen Gewichte auf eine Metallplatte, auf der durch diesen Fall qualitativ wie quantitativ verschiedene Geräusche oder Einzeltöne entstehen. Durch die Berührung der Platte aber wird ein Chronoskop in Bewegung gesetzt. Eine auf das Geräusch oder den Ton aufmerkende, im Nebenraum befindliche Versuchsperson (der die Schallquelle verborgen bleiben muss), hat im Moment der Apperzeption des Schalles eine Bewegung auszuführen, durch die das Chronoskop wieder zum Stillstehen gebracht wird. Somit kann an der Uhr abgelesen werden, wie viel Sekundentausendstel verstrichen sind zwischen dem Entstehen des Schalls und seiner Wahrnehmung …

***

Was aber hat man denn nun eigentlich mit diesen Experimenten erprobt? Es scheint sich zunächst um die »Reaktionsgeschwindigkeit« des Individuums zu handeln. Aber in diese geht als ihr immanentes Wesensmoment sehr *Vielerlei* ein. Einerseits die augenblickliche *»Bereitschaft«*, andererseits die perzeptive *»Empfänglichkeit«*; endlich auch die apperzeptive *Übung* der Versuchsperson …

Niemals aber fällt eine faktische Reaktionsschwelle mit der Schwelle der »Reagibilität« einer Versuchsperson zusammen. Selbst auf dem Gebiet scheinbar reflektorisch-spontaner Sinnesreaktionen liegt ein Irrtum der Experimentalpsychologie darin, dass sie das spezifische Moment der *Aktivität* der Versuchspersonen ausschaltet und mit ihren Apparaten verfährt, als ob das Bewusstsein der Versuchsperson »automatisch« sei und als ob aus der quantitativen Natur von Reizen und Reizäußerungen nun auch auf die qualitative Impressionabilität geschlossen werden dürfe. Die spezifische Fähigkeit zu einer Reaktion hat nichts zu schaffen mit der Geneigtheit zu ihr. Und die »Geneigtheit« wiederum ist ein anderes als die »Bereitschaft«. Die »Bereitschaft« zu einer Reaktion ein anderes, als die Möglichkeit zu reagieren. Und diese »Möglichkeit« zu reagieren, könnte endlich auch noch von dem kontinuierlichen Reaktions*vermögen* unterschieden werden. *Was* also untersucht man bei den geschilderten Reaktionsversuchen? – Ist es die spezifische Beeindruckbarkeit? Ist es der Ausdrucks*drang*? Das Ausdrucks*vermögen*? Die Ausdrucks*möglichkeit*? ... Man gewinnt bei diesen verführerischen Experimenten der Psychophysik freilich sehr billig gesicherte Resultate, wenn man sich gegen die »philosophischen Analysen« des »Schreibtischpsychologen« die Ohren zustopft und die große Kompliziertheit gegenständlicher Auffassungsakte beiseiteschiebt, nur um recht grob und deutlich das *Auffassen* einer Empfindung mit dem Empfinden selber und die Empfänglichkeit für Reize mit dem Bemerken von Reizen vermischen zu können ...[7]

7 Hierzu: *Hypnose und Suggestion*, S. 19–30.

Viertes Kapitel

GERÄUSCHE

Wohltuend ist für jedermann,
Wofern er sich entrüsten kann.

Wo soll ich beginnen? Welche aus alle den quälenden Lärmgewalten zuerst herausheben? – Schnell verbrauchte Bevölkerungen atmen und sterben im Getobe unermesslich anschwellender Riesenstädte. Atmen im Dunst und Gestank der Fabriken, im Abhub der Trottoire, im Staube ihrer kleinen Wohnungen; in der grässlichen Atmosphäre von Ruß, Rauch und Schmutz, die über den Städten liegt. Hunderttausende, überarbeitet, überlastet, übermüdet! Auf engstem Raum in die riesigen, sonnenlosen steinernen Kästen gesperrt, wo sie leben und sich betäuben, streiten und Kinder zeugen; immer neue Hunderttausende; Sklaven der Geräte, Besitztümer und Institutionen. In der grauenhaften Eigenbrödelei der Einzelkochwirtschaft und Einzelhauswirtschaft, ein jedes streng auf sein »Eigentum« erpicht und eben darum beständig zusammenhockend und einander in den Ohren liegend. Ach, so hässlich an Gestalt und Gesicht! Recht eigentlich verunstaltet, deformiert, unnatürlich, verkümmert, ungesund! So leben sie am Leben vorüber, ruhelos einander den Kampf erschwerend, einer auf des anderen Nervenklaviatur spielend, roh, primitiv, abgeschmackt, zwecklos. Nicht bösartig, aber töricht und urteilslos. Nicht verantwortlich und frei, aber unschön und stumpf. Wie könnten denn auch *wir* in unserer Mischung von fordernder Sinnengier und bedürftigem Aberglauben des *Lärmes* entbehren? Er ist uns ein großer Segen, denn – er betäubt. Er lässt uns nicht zum Bewusstsein unsrer selbst kommen, nicht zum Bewusstsein all dieser Armut, all dieser Armseligkeit …

I.

Aus diesem Gelärme will ich zunächst das niederträchtige, überflüssige *Peitschenknallen* denunzieren, über dessen Schändlichkeit schon *Schopenhauer* so lebendige Worte schrieb, dass ich nichts Besseres weiß, als wenigstens einen kurzen Passus seiner Abhandlung hierher zu setzen. »Die Sache stellt sich dar als reiner Mutwille, ja als frecher Hohn des mit den Armen arbeitenden Teiles der Gesellschaft gegen den mit dem Kopf arbeitenden. Dass eine solche Infamie in Städten geduldet wird, ist eine große Barbarei und eine Ungerechtigkeit, umso mehr, als es gar leicht zu beseitigen wäre durch polizeiliche Anordnung eines Knotens am Ende jeder Peitschenschnur. Es kann nicht schaden, dass man die Proletarier auf die Kopfarbeit der über ihnen stehenden Klasse aufmerksam mache; denn sie haben vor aller Kopfarbeit eine unbändige Angst. Dass nun aber ein Kerl, der mit ledigen Postpferden oder auf einem losen Karrengaul die engen Straßen einer volkreichen Stadt durchreitend, mit einer klafterlangen Peitsche aus Leibeskräften unaufhörlich klatscht, nicht verdiene sogleich abzusitzen, um fünf aufrichtig gemeinte Stockprügel zu empfangen, das werden mir alle Philantropen der Welt, nebst den legislativen, sämtliche Leibesstrafen aus guten Gründen abschaffenden Versammlungen nicht einreden. Aber etwas noch Stärkeres als Jenes kann man oft genug sehen, nämlich so einen Fuhrknecht, der allein und ohne Pferde durch die Straßen gehend, unaufhörlich klatscht: So sehr ist diesem Menschen der Peitschenknall zur Gewohnheit geworden, infolge unverantwortlicher Nachsicht. Soll denn, bei der so allgemeinen Zärtlichkeit für den Leib und alle seine Befriedigungen, der denkende Geist das Einzige sein, was nie die geringste Berücksichtigung noch Schutz, geschweige Respekt erfährt? – Fuhrknechte, Sackträger, Eckensteher u. dergl. sind Lasttiere der menschlichen Gesellschaft, sie sollen durchaus human, mit Gerechtigkeit, Billigkeit, Nachsicht und Vorsorge behandelt werden; aber ihnen darf nicht gestattet sein, durch mutwilligen Lärm den höheren Bestrebungen des Menschengeschlechtes hinderlich zu werden. Ich möchte wissen, wie viele große und schöne Gedanken diese Peitschen schon aus der Welt geknallt haben. Hätte ich zu befehlen, so sollte in den Köpfen der Fuhrknechte ein unzerreißbares nexus idearum zwischen Peitschenknallen und Prügelkriegen erzeugt werden.« Gegen unnützes, brutales Peitschengeknall bietet in der Tat weder die Strafgesetzgebung noch das bürgerliche Recht irgendwelchen Rechtsschutz. Die gesamte Regelung des Verkehrs der Privatfuhrwerke, Droschken, Hansoms, Gepäckwagen, Lastwagen, Omnibusse und Autobusse untersteht den Ortspolizeibehörden, die zwar allerlei Vorschriften und Verfügungen erlassen, in der Regel aber keine Machtmittel haben, um zahllosen Übergriffen der auf den Straßen lebenden Arbeiterklassen (wie Fuhrleute, Kutscher, Pflasterer, Trottoir-, Kanalarbeiter usw.) wirksam zu begegnen. Nur in wenigen Städten besteht eine ausgiebige Polizeigesetzgebung über Peitschenknallen, Räderknarren und das Schottern der Lastfuhrwerke. In Deutschland gibt es, wenn ich recht unterrichtet bin, bisher nur in Nürnberg einen »Verein zum Schutz gegen den Straßenlärm«, der seine Kräfte im Dienste von Schillers »erster Bürgerpflicht« öffentlich geltend macht. Hingegen soll in England und Amerika schon weit mehr auf die Hygiene des Ohres geachtet werden als das in Deutschland und Österreich leider der Fall ist. Ich will eine Notiz aus einer New Yorker Zeitung hierhersetzen, aus der zu sehen ist, welchen Segen eine einzelne energische, hochgesinnte Persönlichkeit im Kampfe gegen das öffentliche Lärmgetöse zu stiften vermag. »Miss Rice schlug ein sehr zweckvolles Verfahren ein: Sie ging nicht gegen den großstädtischen Lärm überhaupt vor, sondern sie behandelte die Sache portionsweise. Zunächst eröffnete sie einen Feldzug gegen das Höllengetöse, das bisher im New Yorker Hafen durch die zahllosen Dampfpfeifen und Glocken der Schiffe, Petroleum- und Benzinboote, Vaporettos und Fähren veranstaltet wurde. Die energische Frau setzte sich mit Stadt- und Hafenbehörden, sowie mit einflussreichen Persönlichkeiten zu Lande und zur See in Verbindung und ruhte nicht, bis sie eine Verfügung der Hafenpolizei erreicht hatte, durch die das Lärmen mit Nebelhörnern und Sirenen sowie das überflüssige Tuten und Pfeifen allen Schiffen, welchem Lande sie auch angehören und was immer der Zweck ihrer Fahrten sei, innerhalb der Bai von New York strengstens verboten wurde. – Ihre nächste Maßnahme war die Begründung eines Vereins zur Bekämpfung des Straßenlärms im Innern der nordamerikanischen Riesenstadt. Auch hier wird wieder schrittweise vorgegangen. In erster Linie soll der Lärm in der Nähe der Krankenhäuser unterdrückt werden. Der Leiter eines solchen veröffentlichte eine Erklärung, wonach lediglich infolge des fast unausgesetzt von allen Seiten in die Anstalt hereindringenden Lärms im Laufe eines Jahres zwei Kranke *irrsinnig* geworden sind. Auch andere Fachmänner und Hygieniker haben die Dringlichkeit von Vorschriften zur Sicherung der Ruhe der Krankenhäuser energisch betont. Man nimmt in New York allgemein an, dass demnächst die Behörden den Anträgen des von Miss Rice ins Leben gerufenen Antilärm-Vereins entsprechen werden. Dieser hat bereits eine Reihe ganz bestimmter Forderungen aufgestellt: In der Nähe von Krankenhäusern, Kliniken, Sanatorien und ähnlichen Anstalten soll das Läuten der Straßenbahnglocken aufhören, auch jeder Marktschreier, Drehorgelspieler wie jeder schreiende Trunkenbold durch einen Schutzmann fortgetrieben oder nötigenfalls verhaftet werden. Auch in der Nähe von Schulen, Erziehungsanstalten, großen Pensionaten soll der Lärm inhibiert werden. Auch die Milchwagen, die in New York durch die aneinanderschlagenden Blechkannen und unter Mitwirkung des meist erbärmlichen Straßenpflasters einen Heidenlärm veranstalten, sind schon ernsthaft aufs Korn genommen.« – Übrigens sei bemerkt, dass die Stadt New York auch schon früher den Anfang zu einer eignen Lärmgesetzgebung gemacht hat. So gilt dort als Gesetz, dass ein Kutscher, der Baumstämme oder Eisenstäbe transportiert, gehalten ist, die Enden des Holzes oder Eisens mit Tüchern oder Stroh zu umwickeln, widrigenfalls er Strafe bis zu 25 Dollars zu zahlen hat. Auch in London kommt man neuerdings notgedrungen zu ähnlichen Schutzbestimmungen. So untersagen die Reglements des London-

Community-Council spezialisierten Arten des Lastverkehrs die Benützung der City-Straßen zwischen abends zehn und morgens sieben Uhr. Lastfuhren können während dieser Zeit nicht die Straßen der Innenstadt befahren. – Es ließe sich wohl noch mancherlei durch Einführung eines besseren geräuschlosen Beton- oder Asphaltpflasters und ferner durch exaktere Verfügungen über die erlaubte Spurweite und den Radbelag der Lastwagen sowie über Nägel und Hufbeschlag der Pferde erreichen. Wir sehen an dem ungemein großen, beständig noch anschwellendem Bicykleverkehr (der nur durch die unaufhörlichen Warnungssignale geräuschvoll ist), dass Gummireifen im Verein mit geräuschlosem Pflaster keinen Verkehrslärm aufkommen lassen ... Endlich ist nur Frage der Zeit, dass sich die Wohn- und Erholungssphäre der Großstädter von ihren Verkehrsbezirken radikal abtrennt ...

***

In einer Abhandlung über Entartung hat *Max Nordau* die wachsende Empfänglichkeit für Lärm (wie übrigens alles, was irgendwie auf Geschmack und Kultur hindeutet), als ein Symptom »sozialer Neurasthenie« gekennzeichnet. Seine Satire malt folgendermaßen den lärmfreien Zukunftsstaat der »Entarteten«: »Nachdem es sich häufig ereignet hat, dass aufgeregte Personen, die einem plötzlichen Zwangsantrieb nicht widerstehen konnten, aus ihren Fenstern mit Windbüchsen und sogar ohne den Versuch der Heimlichkeit im offenen Überfall Gassenjungen totgeschossen haben, die schrille Pfiffe oder grundlose Gellquietsche ausgestoßen, dass sie in fremde Wohnungen, wo von Anfängern Klavierspiel oder Gesang geübt wurde, eingedrungen sind und Metzeleien angerichtet, dass sie Dynamitanschläge auf Pferdebahnwagen ausgeführt haben, deren Schaffner läutete oder pfiff, ist es gesetzlich verboten worden, auf der Straße zu pfeifen oder zu grölzen; für Klavier- und Gesangsübungen sind eigene Gebäude hergestellt worden, die so eingerichtet sind, dass kein Ton aus ihrem Innern nach außen dringt, das öffentliche Fuhrwerk darf kein Geräusch machen und gleichzeitig ist auf den Besitz von Windbüchsen die schwerste Strafe gesetzt.« – Was hier im Hohn und zum Spott ausgesprochen wurde, nehme ich als ernstes Postulat der Zukunft in Anspruch; einen Teil seiner Verwirklichung hoffen wir noch zu erleben …

2.

Wenn die Klage über den Peitschenknall heute weniger aktuell ist als in Tagen *Schopenhauers*, so bedroht dafür unser Nervensystem ein neues Geräusch, das unvergleichlich schrecklicher ist als aller lärmende Trubel, den die einst lebenden Geschlechter von toten oder lebendigen Radauinstrumenten erdulden mussten. Ich denke an die transportablen Maschinen, die Straßenlokomobile, das Motorrad, den Motoromnibus, vor allem aber an das Automobil. Diese Entvölkerungsmaschine, die das Ziel der *Maltus'schen* Theorien auch ohne Hungersnöte erfüllt, verändert vollkommen das Straßenbild der modernen Städte. Vierhundertpfündige Kraftbolzen rülpsen roh daher im tiefsten Tone der Übersättigung. Schrille Pfeifentöne gellen darein. Riesenautos, Achthundertpfünder, die »jeden Rekord nehmen«, stöhnen, ächzen, quietschen, hippen und huppen. Motorräder fauchen und schnauben durch die stille Nacht. Blaue Benzinwolken rollen mit grauenhaftem Gestank über die Dächer. Bleichen das Grün der wenigen Bäume, wandern über das kleine schmale Stückchen schmutziggrauen Himmel, das zwischen den kahlen Steinmauern irgendwo noch auftaucht. Grässliche Signale durchbrechen von Zeit zu Zeit die erstickende, bleierne Dunstschicht. Das ist die Morphologie der Stadt. Auf das stolze Zeitalter der stinkenden Steinkohlenbahn und lärmenden Dampfmaschine ist die lautere und stinkendere Periode der Kraftaufspeicherungs- oder Explosivmaschinen gefolgt. Der Zylindertyp weicht dem Turbinentyp, der Kohlengeruch dem Benzingestank. Niemals hat sich der Mensch mit mehr Gelärm, unter schrecklicherem Geruch über die Erde bewegt. Es ist wahr, wir sind von der Postkutsche und der romantischen Tuterei der Postillone erlöst. Wir sind erlöst von der ewigen Klingelei und holprigen Rasselei der kleinen Pferdebahn. Peitsche und Sattel kommen außer Gebrauch. Das Pferd avanciert vom armen Arbeitssklaven zum Luxustier, und kein Vernünftiger wird die Droschke alten Kalibers dem modernen Auto vorziehen. Aber der Tausch überbürdet unsere Sinne mit einer entsetzlichen Belästigung, die so lange dauert, als die Region des Privatlebens und jene des Geschäftsverkehrs nicht getrennt sind und nicht das Maschinenleben auf eigens errichtete Fahrstraßen mit geräuschlosen Gleisen gebannt wird. Die heilige Theresia hat die Hölle als den Ort definiert, »wo es stinkt und man nicht liebt«. Vielleicht hat sie an die Friedrichstraße in Berlin gedacht. – Ich glaube gewiss, dass Autos, Motorräder, Kraftwägen und lenkbare Flugmaschinen die Vehikel der Zukunft sind; ich glaube, dass erst die allgemeine Ausbreitung des elektrischen Vorortverkehrs schließlich ganz neue Riesenstädte, voll Feldern, Parks und Gärten, möglich macht, deren eine einzige vielleicht so groß wie halb Belgien ist. Ich zweifle daher auch nicht, dass der momentan moderne »Autosport« etwas Besseres ist als ein Kind von Luxus und Langeweile. Aber so verständlich dieser Sport ist, so verführerisch und so verlockend, – es ist doch andererseits nicht zu verkennen, dass erst das Kraftfahrzeug die beispiellose Vernüchterung und Verrohung des reisenden Menschen vollendet und jenen letzten Rest von Ritterlichkeit und Anstand aus dem Verkehrsleben heraustreibt, den das Zeitalter der Eisenbahn und des Dampfschiffes etwa noch übrig gelassen hat.

***

Wenn die Lärmgröße, mit der Volk und Einzelmensch sich durch die Welt bewegt, neben seinem Verbrauch an Wasser und Seife, ein Maß für die seelische »Bildung« bietet, dann sind wir im tiefsten Tiefstand der Seelenkultur angekommen. Dass aber gar die deutschen Bundesstaaten ohne Einspruch der Landtage zu unseren alljährlich stattfindenden »Herkomerfahrten« und »Automobilrennen« unsere öffentlichen Landstraßen hergeben, kann ich nicht begreifen. Es ist bisher noch nicht eine einzige Wettfahrt vorübergegangen, die nicht wenigstens ein halbes Dutzend Leben geopfert hätte. Man baue eigene Straßen wie für die Eisenbahnen, die meist weniger tückisch dahersausen als ein Automobil. Vor allem aber zwinge man die Automobilbesitzer zu einer Haftpflichtgenossenschaft. Nach der Reichsstatistik sind innerhalb von sechs Monaten (1. April bis 30. September 1906) 2290 Automobilunfälle in Deutschland vorgefallen. Hierbei konnten in 283 Fällen die Besitzer der Fahrzeuge nicht ermittelt werden. In 17 % aller Fälle floh der Fahrer feige davon. In weiteren 3 % versuchte er zu entfliehen. 987 Sachbeschädigungen sind zu verzeichnen. 1519 Menschen wurden verletzt; 51 Menschen getötet. Dabei gibt es im Deutschen Reich vorerst nur ca. 27 000 Automobile. Während die vielen Tausende Berliner Straßen- und Vorortsbahnen alljährlich 27 Menschen töten, kommen allein durch 2400 Automobilfahrer in Berlin jährlich 10 Personen ums Leben. Man hat nun neuerdings den wehmütig stimmenden Plan ausgeheckt, die Lüneburger Heide in eine deutsche Automobilrennbahn umzuwandeln. Eine niedersächsische Heimatgenossin schreibt darüber Klagen, die ich so schön finde, dass sie hier stehen mögen: »Die Lüneburger Heide soll zu einer Automobilrennbahn mit großer Chaussee, künstlichen Hügeln und Fabrikanlagen umgewandelt werden. Das Heidekraut, das in unübersehbaren Feldern blühte und aus dem der beste Honig der Welt kam, soll niedergewalzt werden; die Marschen, die sich voll so unendlicher Grazie und Schwermut zum Meere, dem deutschen Meere, niedersenkten, sollen applaniert und Gott sei Dank endlich einmal mit Kies beschüttet werden; Plakate von Opel und Darracq werden die Eintönigkeit der Fläche munter beleben; Automobilgaragen, Tribunen, Restaurants, erstklassige Hotels ... und an Stelle des überflüssigen Thymians wird das sehr viel nützlichere Benzin zum Himmel riechen, in ganzen ungeheuren Wolken, und weithin von dem endgültigen Sieg der deutschen

Industrie Zeugnis ablegen. Gewiss, es muss ja sein, und von rein praktischem Standpunkt lässt sich gegen die Idee nicht viel einwenden. Wenn Automobilrennen sein müssen, so ist es immerhin vorteilhafter, wenn sie in der Einöde des Nordens, als wenn sie im dichtbewohnten Süden unseres Vaterlandes abgehalten werden. In Frankreich und in England wurden die großen Automobilhetzen – solange sie dort noch erlaubt waren –, in den einsamen Distrikten, in der Auvergne und in Irland abgehalten, und unsere Rennen mitten durch den starken Verkehr Hessens hindurch waren schon mehr als bedenklich. Und dass es richtiger ist, einsames Heidekraut als Bauernwagen umzurennen, das gibt auch der Naturfreund, wenngleich zögernd, zu. Und doch, schade drum, schade um unsere Lüneburger Heide. Sie war keine Sehenswürdigkeit, kein großartiges Naturdenkmal, etwa wie in Frankreich der Wald von Fontainebleau. Aber sie war deutsch, war alles in allem der letzte Rest unberührten und unverfälschten deutschen Bodens inmitten der mehr und mehr der Industrialisierung verfallenden Welt. Während die Kultur allenthalben siegte, änderte sich seit Urzeiten hier nichts, in der stillen Einöde zwischen Aller und Elbe und der Küste des grauen Meeres. Die Dörfer sehen heute genau so aus, wie in den Urtagen unserer Rasse, unerbrochene Königsgräber künden fort und fort von alter, großer Zeit, und zäh hält der sächsische Stamm, der hier sitzt, an alter Sitte fest. Diesen Sachsen konnte keiner beikommen. Drusus nicht und der große Karl nicht und nicht einmal die Eisenbahn der neuen eiligeren Zeit; erst jetzt werden sie ihre Meister finden; jetzt werden sie nur der Einwanderung französischer Chauffeure, Berliner Terrainspekulanten und

Wiener Oberkellner weichen. Der Rhein ist reguliert, die Wälder verwandeln sich in Tummelplätze, auf den Montblanc fahren Extrazüge hinauf und die Wogen des Meeres werden mit Haaröl geglättet, und der einzige Einsiedler, den ich in meinem Leben sah –, im Schlesischen Gebirge, – handelte mit Ansichtspostkarten. Wohin sollen wir Träumer entfliehen? Vielleicht zu den Sternen hinauf? Nein, auch zu ihnen nicht; ihre Poesie verschwand, seitdem uns die Astronomen lehrten, dass auch die Sterne kanalisiert sind, wie das erste beste Rieselfeld.« –

***

Wenn man auf dem Bahnhof eines »Knotenpunktes« das Getriebe der ankommenden und abfahrenden Reisenden betrachtet, wenn man alle diese gleichmäßig rücksichtslosen und kaltsinnigen Menschen sieht, wie sie in die Wartesäle stürzen, sich stoßen, schieben, drängeln, auf den Stationen möglichst schnell Kaffee, heißes Fleisch, Biere herunterschlingen, wie sie in dem Pferch der kleinen Coupékäfige sich gleichgültig mustern, durch Tabak, schlechte Luft, geschwätzigen Lärm einander belästigen, – dann begreift man das Heimweh nach der Posthornzeit, der Zeit einsamen Wanderns ins »Welschland«, das deutsche Ränzel auf dem Rücken. Beschauliche Fahrt durch stille verschlafene Städte, betrachtsame Einkehr und Schwärmerei, – das ist dahin. Alle Courtoisie, aller Stil des Reisens geht zum Teufel. Es ist in allen Fremdenstädten, Saisonplätzen, Bädern, Kurorten immer der gleiche Anblick. Der Durchschnittstypus ist der windige, lärmende Eisenbahnkommis, der überall »versierte«, ach so welterfahrene, ach so »gescheute« Reiseonkel. In beiden Hemisphären herrscht seine »Weltanschauung«; jene seelenlose Weisheit, die sich in Sätze kleidet wie diese: »Wein ist besser als Bier. Vergiss nicht warme Unterkleider. Brich nie dein Kapital an.« – So beschaut er seine »Welt« mit lichtlosen Augen, von erschreckender Gleichartigkeit. Ehrlich bis an die Grenze seines Vorteils; anständig herzlos; »Frechdachs« mit billigem »Gemüt«. Energisch und gewöhnlich, großmäulig und unecht, kalt und sinnlich, und unaufhörlich in »Geschäften«. Jeder Versonnenheit, jedem Schweigen, jeder Ehrfurcht herzlich abhold. Das ist der angloamerikanische »Moneymaker«, der kapitalistisch-semitische »Tatsachenmann« der bierehrlich-deutsche »Biedermann mit Vorteil«. Diese Leute erobern die heutige Erde. Man kann ihnen eine in allen Sätteln gerechte, jedem Zufall gewachsene plattgeistige Kultur nicht absprechen. Eine Kultur, der die dritte Dimension fehlt. …[8]

***

Dieser »Kulturmensch«, der das »Kapital«, die »Entwicklung« und den »Fortschritt« beherrscht, floriert zurzeit im »Automobilsport«. Das aber stellt uns vor ein sozialbiologisches Problem. – Die gegebene Selektion geht auf Ausmerzung vieler diskreter Seelenseiten, auf Vertilgung alles Zart- und Feingefühls im öffentlichen Leben, auf Brachlegung der kleinen Rücksichten und täglich neu zu erübenden unscheinbaren Achtungserweise Mensch gegen Mensch. Im modernen Verkehr geht ein jeder rücksichtslos zugrunde, der sich allzu lange unpraktischen Sentiments ergibt. Zudem scheint es die veränderte Selektion auf die bisher geübten Sinnesorgane abgesehen zu haben. Wenn ich mir den Kraftwagenverkehr auf Broadway, Oxford-Street oder Rue de Rivoli lebhaft vorstelle, dann möchte ich fast glauben, dass große anatomische Umwandlungen dem Menschengeschlechte bevorstehen. Insbesondere dürfte sein heutiger Riechapparat ihm so wenig erhalten bleiben, wie sich grüne Hasen oder violette Rebhühner zu erhalten vermöchten. Wer das dickste Trommelfell und eine undurchdringliche Nasenschleimhaut hat, besitzt einen Vorteil im Erhaltungskampf, der die Anwartschaft gibt, Vater oder Mutter des Übermenschen zu werden. Der Gewaltsieg, den die rollende Maschine und

8 Eine besondere Sorte des Reiselärms möchte ich wenigstens in Form einer Anmerkung gerügt haben, ich meine die grauenhafte Unruhe in den Korridoren der Gasthäuser und Hotels, die das Reisen zur Tortur macht. Und doch wäre ein großer Teil dieser Hotelgeräusche bei gegenseitiger Rücksichtnahme wohl vermeidbar! So fand ich z. B. in einer Stadt mittlerer Größe einen Gasthof, in dem keinerlei lautes Läutewerk in Gebrauch war, sondern von jedem Zimmer aus ging ein Haustelephon zur Portierloge. Der Portier nahm alle Wünsche der Gäste in Empfang und vermittelte sie durch stummes Signalwerk weiter an Stubenmädchen, Hausburschen oder Kellner. – Ich will an dieser Stelle auch eine Unsitte erwähnen, die einer ganz *anderen* Sphäre von Lärmstörungen zugehört: das »Beifalltrampeln« mit den Füßen, wie es noch überall auf Universitäten üblich ist. Durch dies Scharren und Trampeln wird unnütz Staub und Schmutz aufgewirbelt, sodass die Unart nicht nur das Ohr schikaniert, sondern schlechtweg hygienisch gefährlich wird.

das randalierende, rasselnde, benzinstinkende Kraftfahrzeug über die primitive Naturkindschaft des Menschengeschlechtes davonträgt, muss zu biologischen Auslesebedingungen hinführen, die sich von allen Anpassungsnotwendigkeiten der Vorwelt wesentlich unterscheiden. Zumal die Nase, die doch ohnehin, seit wir Wolf und Hund in unsere Dienste gezwungen haben, eine beträchtliche Entlastung erfahren durfte, ist für den täglichen Existenzkampf so überflüssig geworden, wie etwa der Wurmfortsatz, die beiden falschen Rippen oder das Hundeschwänzchen der Wirbelsäule. Sie ist für uns nur eine störende Erinnerung an verflossene Liebesgeschichten. Ein schlichtes verdicktes Riechhäutchen würde schließlich auch genügen. Was aber gar das Ohr betrifft, so müsste der Darwinismus dem vollkommen tauben Menschen den Lorbeer reichen, wenn nicht die Vermehrung des Lärms auch mit Vermehrung der Lebensgefährdung durch Maschinen verbunden wäre und der anschwellende Verkehr der Eisenbahnen und Kraftmotore die rascheste Orientierung durchs Ohr vor jeder anderen Sinnesreaktion wünschenswert machte. Wie sich also das unselige Menschenohr entwickeln mag, das wissen die Götter. – Es wird einerseits seine höchste Intensifizierung und Verfeinerung von Nutzen sein. Es wird andererseits diese Verfeinerung eine ewige Gefahr für die Nerven und die Gesundheit der Seele wie des Geistes umschließen. Zweifellos aber wird die Natur ihre notwendigen Selektionen vollziehen. Vielleicht in der Art, dass sich ungleiche Gehörs*typen* herausbilden, deren einer geeignet ist, um in Berlin, im Eckhaus der Leipziger und Friedrichstraße über die Theorie der *Abel*schen Funktionen nachzudenken, während der andere mit Sicherheit überfahren und durch Nasenkrankheiten,

Gehirnhautentzündungen oder »Neurosen« dezimiert wird, falls er sich zu häufig ins Zentrum einer Großstadt begibt. – Um Mitte des 19. Jahrhunderts traten medizinische Autoritäten mit der Behauptung hervor, dass die Gesundheit des Menschen die allgemeine Einführung der Eisenbahnen nicht überleben werde. Der Kohlenstaub und der Lärm werde ihre Degeneration herbeiführen. Ja, der Mensch, der viele Tage hintereinander auf der Eisenbahn lebe, werde durch Nervenerschütterung oder im Irrwahn zugrunde gehen. Die Zunahme der Irrenhausbevölkerung werde von den Folgen des Eisenbahnfiebers zeugen. – Aber die Menschheit hat die Eisenbahn überlebt; sie wird auch das Automobil überleben. Das Problem der künftigen Entwickelung wird nur dies sein, wie die weitere Differenzierung unseres feinsten, geistigsten Sinnes mit der kontinuierlichen, gewohnheitsmäßigen Abstumpfung der bewussten Wahrnehmung zusammengehen kann. Denn die verfeinerte *Fähigkeit* der Gehörswahrnehmung ist ebenso notwendig geworden, wie die dauernde *Faktizität* verfeinerten Wahrnehmens und Aufmerkens für uns bedrohlich ist. Man muss also die Kunst erlernen, alles zwar hören zu *können*, aber wo nicht nottut, doch faktisch nicht hinzuhören.... Am besten kommt in der Welt vorwärts, wer viel Geräusch und Gestank aushalten und vollführen kann. – Ich kann also nur hoffen, dass die gegenwärtige Ära des Automobilsports das auf den 800-pfündigen Kraftbolzen eingestellte differenzierte Töff-Töff-Ohr und eine dazu gehörige immune Benzinnase meinen Kindern und Enkeln hinterlassen wird....

***

4.

On entre, on crie
Et c'est la vie.
On crie, on sort
Et c'est la mort.

Das Geräusch, von dem ich nunmehr sprechen will, ist ebenso störend und peinigend wie alle anderen. Aber es wird von den wenigsten Menschen als störend empfunden und als peinigend anerkannt ... Vor sechs Jahren veröffentlichte ich einige Aufsätze gegen den Lärm, die unter den perhorreszierten Geräuschen auch das Tag und Nacht andauernde Geläute von Kirchenglocken (zumal in den katholischen Ländern) zum Gegenstand eines Angriffes machten. Das erregte Missfallen und Widerspruch. Ein Wiener Journal entgegnete, das Läuten der Glocken sei »Musik«; auch entspräche es berechtigter Tradition, die die Heiligung unsres praktischen Lebens verwalte. Wenn ich nun trotz dieses Widerspruchs meine Auffassung auch heute wiederhole, so soll das keinerlei Verletzung von Kirche und Religion, keinerlei Verletzung geheiligter Gefühle umschließen. – Es liegt im Wesen einer neuen Religiosität, dass liturgische Symbole und Akte, aus dem öffentlichen Leben verschwinden, um nur tiefer in das Sanktuarium des Menschenherzens eingeschlossen zu werden. Die Glocke, die alle Stunden des Tagewerks, alle Ereignisse eines Einzellebens mit ihrem Klange begleitet, ist das Überbleibsel einer Zeit, wo tatsächlich der Einzelne in das Leben kommunaler Verbände eingesenkt war. Die Kirche konnte sich damals als einzige sozialpolitische Autorität auch in jedes Anliegen der Tagesordnung einmischen. Die Religion war noch nicht »Privatsache«, noch nicht die innerste Angelegenheit, die ein Mensch nur allein mit *sich selber* ausmachen kann und darf. Sie wurde autoritativ eingeengt, vorgeschrieben, reglementiert und nivelliert. Heute aber verschanzt sich hinter der religiösen Freiheit das individuellste Recht des Menschen. Ein innigeres, persönlicheres Fühlen löst die »Religion« von politischen, sozialen und sogar von moralischen Zwecken ab. – Religiöse »Sünde« und sittliche »Schuld«, Sorge um das »Seelenheil« und ethische »Pflicht«, das ist für uns durchaus Zweierlei geworden. Dabei gewann sowohl das religiöse wie das wirtschaftspolitische und soziale Interesse an Klarheit und Reinlichkeit.

Was also hätte es heute für einen Zweck, wenn die Kirche ihr Hirtenamt auch auf gesellschaftliche Formen ausdehnen wollte, die nur an der Peripherie des Seelenlebens liegen, wenn sie Lebensverhältnisse bevormunden wollte, die nicht autoritativ zu regeln sind. Auf dem Lande, in ganz einfachen, patriarchalischen Verhältnissen, in allgemein gleichartigen Sitten und Lebensbedingungen, da hat es schönen, tiefen Sinn, wenn die Glocke zum Aufstehen, Vesper und Arbeitspausen mahnt, wenn sie Gebet und Tod, Gefahr und Freude, Morgen und Abend einläutet. Denn alle teilen ja beim gleichen Anlass die gleichen Gefühle. Alle orientieren sich willig an diesem Symbol. An Stätten dagegen, wo Menschen verschiedener Berufe, Daseinsformen und Arbeiten, verschiedenen Bekenntnisses und Weltgefühls eng beieinander wohnen und die Kirche viel weniger als jede praktisch wirtschaftliche Idee eine Vereinheitlichung des Lebens verwirklichen kann, da ist es störend, wenn sich Glockentöne, deren Bedeutung keiner fühlt und kennt, aus allen Richtungen der Windrose in Privatgefühle und Privatgedanken mengen. – Wo ergreift denn dieses Glockenspiel? Irgendwo im weltfernen Weiler, aus verlorenem Kapellchen, aus einsamem Kloster, hoch oben auf dem Fels. Aber wahrlich nicht, wenn aus hundert Domen, Kirchen und Kapellen immer die gleichen niemals einstimmig abgetönten Klänge uns entgegendröhnen. – Man läute die Glocken, wenn wichtige, nationale Anlässe gegeben sind, wenn ein großer verehrter Mensch die Stadt besucht, ein gewichtiger Gedenktag gefeiert, ein Mächtiger begraben wird. Aber die ganze Gemeinde bei jeder Hochzeit und Kindstaufe alarmieren, hat kaum eine Berechtigung. Es ist auch unrichtig, bei jedem vorüberkommenden Leichenkondukt die Glocken zu ziehen, da niemand, der das Geläute hört, die Veranlassung kennt und wirklich an den Toten denkt und da andererseits die ganze Erbaulichkeit jederzeit und für jedermann gegen feste Taxe zu erkaufen ist … Dieses alles muss nachfühlen, wer nur jemals unter den Glocken längere Zeit aus nächster Nachbarschaft gelitten hat. Ich habe viele Monate neben dem Glockenturme von Klöstern und Stiften wohnen müssen, habe, zumal in Innsbruck und Südtirol, Nacht um Nacht ein meinen Schlaf vernichtendes Glockengedröhn erlitten, und in kleinen Nestern einen Missbrauch der Glocke gesehen, der so weit ging, dass man nicht nur läutete, wenn irgendwo ein Kind zur Welt kam, sondern auch wenn die Kuh des Dorffürsten kalbte oder ein Gewitter in der Luft stand. Fast grausam ist es aber, Glockentürme oder Uhren mit Choralbegleitung und ähnlicher mechanischer Musikspielerei einer ganzen Stadt, unter deren Tausenden doch wahrscheinlich auch drei oder vier denkende Köpfe sich befinden, schlankweg aufzudrängen. Solche Musikkunstwerke, solche Mechaniker- oder Uhrmacherleistungen sind hübsch und respektabel, wenn sie uns hie und da einmal an entlegener Stelle begegnen, in der Sebalduskirche in Nürnberg, im Straßburger Münster, an der Rathausuhr in Prag. Aber ein reizbares, feines Gehör, ein kultiviertes Ohr empfindet dergleichen als Barbarei, wenn man (wie mir in Liegnitz geschah)[9] gezwungen wird, neben einem Kirchturm zu schlafen, von dem Stunde um Stunde dieselbe Choralmelodie seelenlos mechanisch herniederdröhnt, bis sie sich schließlich in jede Arbeit und sogar allmählich in die Träume schiebt und die gesamten Funktionen des Organismus sozusagen auf ihren Rhythmus dressiert, den man, wofern solche Einwirkung in früher Jugendzeit erfolgt, sicher lebenslang nicht mehr aus dem Ohre bringt. Wie vornehm und würdig erscheint dagegen der einsame Ruf der Moslem von den Minarets und Moscheen zur Stunde des Gebets, wie würdig das schweigende Anzünden des durch den Abend brennenden Synagogenlichtes, wenn die Stunde zur Einkehr gekommen ist. Fast gewaltsam erschien mir, wenn in den kleinsten italischen Berg- und Klosterstädten in der heiligen Christnacht oder zu Sylvester und Ostern alle Stunden ein Wald von Glocken über Kranke und Gesunde, Tanzende und Sterbende, Nachdenksame und Stumpfe dahinbrauste, einem jeden zurufend:

9 Es möge zu Ehren der guten Stadt Liegnitz vermerkt sein, dass inzwischen ihr furchtbares Glockenspiel in den Nachtstunden zwischen 10 bis 6 Uhr abgestellt wurde.

»Höre hübsch zu. Wir wachen hier als deine Schicksalsmacht. Wir können den Schlaf deiner Nächte, die Einkehr deiner kurzen Tage vernichten, ob dich nun unsere Predigt angenehm oder unangenehm, sinnlos oder sinnvoll bedünke.« Freilich, jene Stunde, die *Gustav Freytag* in den »Ahnen« schildert, war schön und groß, die Stunde, wo der erste Glockenlaut über deutsche Lande dahinzog, denn Glockenklang und Sichelklang sind die heiligsten Klänge der Menschheit, Klang ihrer Andacht und ihrer Arbeit. Zweifellos gibt es Uhren, Türme und Glocken, deren Ton das Herz eigen beruhigt, wie Botschaft einer ganz anderen Welt, die in das Gebrause und in den Graus dieses empirischen Wahnsinns nur zuweilen von Ferne hineintönt. Ihr gilt dann die Strophe des Dichters: »Der Turmuhr großer voller Stundenschlag hat zu Matrei mich wieder Schlaf gelehrt«. Andererseits aber wäre gar wohl zu bedenken, dass das ursprünglich Öffentlich-Allgemeine, Geburt und Taufe, Hochzeit und Tod, immer mehr jener Sphäre der *Diskretion* anheimfällt, die alles Privatleben einhegen muss, wenn nicht in wachsenden Großstädten, wo Menschen wie Ameisen übereinanderkrabbeln, »Gesellschaft« und »Öffentlichkeit« zur unerträglichen Tyrannei entarten soll. Wäre dem nicht so, dann wären das Ideal jene Glockentürme des Campanella, die in der vollkommen sozialisierten Gesellschaft den Menschen sogar das Zeichen geben sollen, wann es Zeit sei, »in Gott Kinder zu zeugen«, oder wann sie Kunstwerke betrachten oder ihr Tagebuch führen sollen. Man bedenke also wohl, dass gerade der vertieften und innigeren Religiosität der Lebenshaltung das veräußerlichte Symbol und das Ausplaudern aller persönlichsten Ereignisse unkeusch erscheinen muss. Der Glockenschrei gebührt dem nationalen und kommunalen Anlass, nicht dem kleinen, alltäglichen individuellen Leben, das seine Heiligung im Gemüte findet und keiner politischen Sanktion mehr bedarf. Man hänge nicht alles »an die große Glocke« und denke: »Die stillsten Worte sind es, welche den Sturm bringen; Gedanken, die mit Taubenfüßen kommen, lenken die Welt.« Welch Widersinn liegt in dem Bemühen, Menschen durch Lautheit zur Erbauung, durch Lärmen zur Einkehr zu bringen! Die Religion verwendet damit zwar nur jene primitiven Mittel der *Betäubung*, in denen die gleichen Triebkräfte wirken, die auch sie selber seelenmächtig machen. Aber sie verleugnet ihre Entwickelung zu Verfeinerung und Vergeistigung. – Darum hat das Vorgehen jenes Mannes meine Achtung, der in einem Alpendorfe für Gemeinde und Kirchenvorstand eine beträchtliche Geldsumme gestiftet hat, wofür sie sich verpflichteten, im Sommer während seines Dortseins alltags keine Glocken zu läuten. – Schließlich möchte ich anregen, dass auch der Schlag der Turmuhren eingeschränkt werden möge. Ich sehe nicht ein, warum sie heute, wo auch der Ärmste eine Taschenuhr besitzt, jede Viertelstunde durch einen Schlag andeuten müssen; es würde genügen, wenn sie lediglich die vollen Stunden ausrufen und zwar jeweils durch einen einzigen Schlag, nicht aber etwa durch sechzehn. Der Umstand, dass dies genügt, ist Grund genug dafür, dass es geschehe. –

***

5.

> *»Hunde heulen durch die Nacht,*
> *Wie es mir das Herz befällt!*
> *Ja, es schleicht was durch die Welt,*
> *Das uns alle schaudern macht.«*

Ich komme nun zu einer Art Geräusch, die sich von allen bisher namhaft gemachten wesentlich unterscheidet, ich meine die qualvoll störenden Lärmgeräusche, die aus dem Zusammenleben mit Haustieren erwachsen und den Kaufpreis bilden, mit dem wir die mannigfachen Freuden und Nutzen, die uns Tiere bringen, zu zahlen pflegen. Das Bellen und Heulen der Hunde zur Nachtzeit hinter den Verzäunungen der Bauplätze. Der merkwürdige, markerschütternde Schrei, den wir zuweilen vom Pferde hören, diesem rührenden »Caliban der Welt«, der so vieles willig trägt, weil er seiner überlegenen Kraft nicht bewusst ist. Das Schreien eingekäfigter Tiere in den Zoologischen Gärten und Menagerien. Der nächtliche Schrei der Katze, vor allem aber der Ton gefangener Stubenvögel, – das alles ist *mehr* als der gewöhnliche menschliche Werktagslärm und Feiertagslärm. Denn es zieht uns in das Leben fühlender Wesen ein, die in diesen Lauten ihre einzige Sprache haben. Und dieses ganze Leben ist unserer Verantwortung oder Willkür ausgeliefert. *Dieser* Lärm ist unerträglich, weil er immer irgendwelches Leiden offenbart, dem man nicht beikommen und helfen kann, unerträglich, weil er uns aufrüttelt und zugleich unsere tatlose Ohnmacht offenbart. Wenn ich auf Vogelstimmen vor meinem Fenster achte, dann weiß ich genau, ob ein Vogel aus Angst schreit oder locken will, brütet oder wirbt, seine Jungen warnt oder um Futter ruft. Eben darum ist es schwer, sich gegen diese Stimmen abzustumpfen. Hammer- und Arbeitslärm belästigt die Ohren; die Tiere aber würden die ganze Seele in Anspruch nehmen, wenn wir nur genug Seele besäßen. Dann aber wüssten wir auch, dass es vor diesem Lärm keine andere Zuflucht gibt, denn stärkeres Verantwortungsbedürfnis gegenüber der Tierwelt. Insbesondere ist das Heulen und Jammern der Hunde meist eine Anklage. Sie schreien so wenig ohne Grund, wie ein gutgehaltener, gesunder Säugling grundlos zu schreien pflegt. Dies gilt vor allem von den wahrhaft vornehmen Hunderassen, insbesondere von Terrier, Jagdhund, Bernhardiner, Pudel, Spitz, Dogge und Mopps, denn diese Hunde sind durchaus nicht zudringlich lärmend, sondern in der Regel würdiger und von vornehmerem Charakter als durchschnittliche Menschen. Wenn man aber diese Tiere an die Kette legt oder in engen Räumen eingesperrt hält, so ist es vollkommen gerecht, dass sie Grausamkeit mit bösartigem, zwecklosem Gebelle vergelten. Die Vergewaltigung gutartiger Tiere hat das ungeheure Schuldkonto des Menschen unsühnbar belastet. Solch ein gequältes Tier kennt nicht seinen Schmerz, sondern *ist* Schmerz. Es ist, wenn es zu leiden gezwungen wird, nichts als ein Haufe hilfloser Qual, die sich in spontanen Ausdrucksbewegungen, so gut das Geschöpf eben vermag, entlastet. Dabei sind die domestizierten Tiere so harmlos, dass der Hund, wie ich es mehrfach gesehen habe, wenn er zu Vivisektionszwecken geknebelt und wehrlos auf einem Drahtgestell daliegt, seinem Peiniger sterbend, mit aufgeschnitztem Leibe, noch die Hand leckt, weil er nicht gleich uns an der Kette kausalen Vorstellens sich im Leiden *orientiert* und somit auch nicht die *Entlastung* vom Schmerz besitzt, die uns das *Wissen* leistet. – Überhaupt würde der Mensch das Lärmen und Schreien der Haustiere mit vollkommen *anderem* Ohre hören, wenn er verstehen könnte, wie viel Geplagtheit dahintersteckt. Es gibt nichts Zerquälteres und Unglücklicheres als das Tier, und das Gros der Tierwelt ist nur darum hässlich oder bösartig, weil es gehetzt und ewig auf der Lauer ist … Wenn ein kleiner Kanarienhahn im Käfig Tag und Nacht singt, wie haben wir doch so billig, poetische Redensarten zu machen von »Sangeslust und Kunstfreudigkeit der Vögel!« Nichts liegt dahinter als die gehemmte Aktivität seiner angeborenen Natur, des rascheren wärmeren Blutes, der an beständige Bewegung gewohnten verkümmernden oder doch geschwächten Schwinge. Nichts als Drang nach Fliegen, Sichwiegen in Sonne und Laub, unter Seinesgleichen. Das gibt sich nun in Tönen aus! Wir würden sie *anders* bewerten, wenn an uns verfahren würde, wie wir ihnen tun … *Horaz* hat in einer Ode geklagt über das Vogelgezwitscher, das in der Frühe seinen Schlummer zerstöre; Platen und andere Dichter haben diese Klage wiederholt. Mit gutem Recht! Aber das sind nun einmal unvermeidliche Übel, denen jeder ausgesetzt ist, der in und mit der Natur lebt und die man tragen muss, wie die Welt *uns* trägt und uns verbraucht, wie wir eben *sind*. Das Geschrei der gekäfigten Singvögel dagegen ist eine künstlich gezüchtete Exzentrizität, gleich jenen einseitigen Dressuren des Variété, die man durch endloses Leidenmachen mürbe gequälten Geschöpfen schließlich einprügeln kann. Ich habe nichts dagegen einzuwenden, dass in Parks und Gärten geräumige Volieren mit schönen, seltenen Vögeln angelegt werden. Es mag auch kleine Blumenstübchen geben, in denen der Kanarienvogel frei umherflattern darf, zur Freude eines Kindes oder eines einsamen Menschen. Auch hat es Verstand, eine »Hecke« anzulegen, in der der Vogel unter Seinesgleichen lebt. Aber nur um des Luxus willen, ohne Liebhaberei, ein Tier in das Bauer mit ein oder zwei Sprossen käfigen und zu sehnsüchtigem Geschrei aufstacheln, das ist roh und verrohend. Der Kanarienvogel aber gehört meist zum obligatorischen »Hausrat«. Er bekommt Körner und Wasser ohne viel Aufmerksamkeit. Er steht in irgendeinem Winkel, eine unbeachtete, vereinsamte Existenz, und schreit und schreit, bis dem fühllosen Herrn etwa nicht mehr beliebt, es mit anzuhören und das verschüchterte Tier mit Decken und Tüchern vom Lichte abgesperrt wird. – Ebenso ist das Geplärre der Papageien ganz unerträglich. Sie werden reineweg aus Modenarrheit gehalten; selten von Leuten, die sich wirklich mit Tieren abgeben wollen. Solch Papagei, der dieselben mechanischen Sprachlaute viele Stunden lang unablässig wiederholt, kann einen arbeitenden Geist zu heller Verzweiflung bringen. Ein besonders unerträgliches Geräusch ferner ist das Gegacker des brütenden Huhnes und das Geschrei der Hähne in der ersten Morgenfrühe ... Selbst wenn man sich auf dem Lande bemüht mit den Hühnern schlafen zu gehen, so ist doch die Legezeit der Hühner und das Schreien der Hähne so willkürlich, unberechenbar, dass man in jeder Stunde der Nacht darauf gefasst sein muss, dass ein Hahnenkonzert beginne; denn sobald der erste Hahn gleich nach Mitternacht kräht, fängt in der Runde der Wettkampf lärmender Stimmen an. Dies erwirkt einen fast fieberhaft angespannten Zwangsimpuls des Aufmerkenmüssens. Man erwacht um Mitternacht in der Erwartung: »Gleich wird es anfangen.« Und selbst wenn der Lärm für ein paar Stunden aufhören sollte, so kommt doch kein Schlaf mehr, weil man eben gezwungen ist, abzuwarten, ob die Störung nicht alsbald wieder einsetzen werde. So liegt man mit fieberhaft angespannten Nerven im Dunkel. Man hört jeden Laut auf Meilen im Umkreis. – Eine ähnliche Tortur wie das Lärmen des Haushahns verhängt auch die Nähe eines Unkenteiches oder der ununterbrochene Schrei röhrender Hirsche oder das Klagen des Uhus über nächtlich Wachende und Überwachte ... In einer Reisebeschreibung finde ich ein Tal in den Walliser Alpen erwähnt, dessen Besuch der Gegenstand meiner Sehnsucht wäre, wenn der Berichterstatter wirklich die Wahrheit sagt: Im Val d'Anniviers, dem Eifischtal, sollen überhaupt keine Haustiere, insbesondere keine Hunde gehalten werden und zudem sollen die Anniviarden keine Musik treiben, weil sie vollkommen unmusikalisch sind. Ist das Wahrheit, gibt es ein Alpental, wo sich kein Grammophon, kein Klavier befindet, dann will ich für seine Unberührtheit beten ...

6.

Die Herrn Leisetreter, die Herrn Superklug
Sagen stets: »Du nimmst den Mund zu voll,«
Ach, wo Wahn und Dummheit fallen soll,
Ist das Horn von Jericho nicht laut genug.

Jetzt aber will ich von einem Geräusche sprechen, das nicht so sehr um seiner eigenen Abscheulichkeit willen denunziert zu werden verdient, als darum, weil es

Symptom von Missständen ist, mit denen sich kaum irgendeine andere Schädlichkeit unserer Wirtschaftsordnung vergleichen lässt. Von den Geräuschen der Hauswirtschaft soll die Rede sein; insbesondere von dem grauenhaften Gelärme des Teppich-, Polster- und Bettenklopfens. ... Man vergegenwärtige sich ein großstädtisches Wohnhaus! Zehn, zwanzig, oft fünfzig Parteien wohnen unmittelbar neben- und übereinander. Keine Partei kennt die andere. Keiner kümmert sich um den Nachbarn. Keiner nimmt am Ergehen des andern teil. Man hockt nur zufällig unter demselben seelenlosen Dache. Man fühlt sich in keiner Weise solidarisch, in nichts füreinander verantwortlich. Es bleibt auch vollkommen der Willkür anheimgegeben, wann und wie oft ein jeder Hausbewohner seine Bekleidungsstücke, Decken, Bettstücke, Matratzen, Teppiche und Polstermöbel ausstauben will. Er kann das tun, wo ihm beliebt, im Hofe, im Hausflur oder auch im Treppenhause. So kommt es, dass kein Tag, ja keine Stunde im Tage vorübergeht, ohne dass irgendein Bewohner der Proletarierkaserne ein plötzliches großes Reinemachen inszeniert. Irgendwo wird immer geklopft, ein Teppich gebürstet, ein Läufer bearbeitet, ein Wäschestück oder eine Matte geschüttelt. Sollte aber wirklich einmal auf ein paar Stunden Frieden im Hause walten, dann kann man gewiss sein, dass von Balkonen der Hinter- und Nachbarhäuser her, oder von der gegenüberliegenden Straßenseite, von irgendwo, aus übervölkerten, mit Elend vollgestopften Mietkasernen das furchtbare, unablässige, ruhelose Geklopf und Gedröhne in Staub- und Schmutzwolken herüberschallt. Nun aber ist diese kontinuierliche Kanonade sämtlicher Hausfrauen und Dienstmädchen noch nicht das Schlimmste am Übel.

So sehr das Ohr unter den Klopfgeräuschen leidet, so schwer es für den mittellosen, auf Duldung der Menschen angewiesenen »Breadwinner« ist, unter diesen täglichen Einbußen geistig zu schaffen, so schwierig es in Großstädten wird, sich vor Schlaflosigkeit zu wahren und nicht durch schlaflose Erschöpfung frühzeitig zugrunde zu gehen, so sind dies alles doch nicht die *eigentlichen* hygienischen Schäden, die mit dem Lärm der Hauswirtschaft verbunden sind.

Blicken wir auf die nicht genug zu preisenden Fortschritte, die die Hygiene des Städtelebens während der letzten zehn Jahre gemacht hat, dann ergreift uns Verwunderung darüber, dass *den* Seiten des täglichen Lebens, von denen ich jetzt sprechen will, nicht mehr Aufmerksamkeit zugewendet wurde. Ich glaube nicht zu übertreiben, wenn ich die Hälfte aller infektiösen Erkrankungen auf mangelhafte Hygiene der privaten Hauswirtschaft, insbesondere aber auf die gegenwärtige Reinigung der Polstermöbel und Betten zurückführe. Man stelle sich beispielsweise vor, welche Verbreitungschancen die Phthisis oder Tuberkulose in einem volkreichen Proletarierviertel besitzt. Wir wissen, dass die Zeit noch nicht fern liegt, wo jeder zweite Arbeiter vor dem dreißigsten Lebensjahre starb, wissen, dass man noch vor zwei Generationen in England und Deutschland voraussetzte, dass jeder siebente Mensch eine tuberkulöse Infektion zu erleiden habe. Man machte aber in der Regel die Erfahrung, dass die Infektion schon im frühen Kindesalter zu erfolgen pflegte. Vor allem schien das Alter zwischen drittem und siebentem Lebensjahr den Gefahren der Infektionskrankheiten hervorragend ausgesetzt zu sein … Man rufe sich das Bild unserer frühen Kindheit vor die Seele, dieser Kindheit, durch die wir uns unbegreiflicherweise hindurchrangen, als eines von Millionen überflüssiger Großstadtkinder, zwischen Fabrikschloten und Maschinenlärm, in dem mit Menschen überfüllten Wohnhaus, mitten im Staub des Geschäftslebens, wo wir kein Himmelsblau und keine Blume sahen und unsere ersten Welteindrücke empfingen. Wir krochen, unbehilflich, ohne dass jemand darauf achtete, auf dem Fußboden umher, auf Trottoiren und Treppenstiegen. Immer hatten wir schmutzige Händchen. Immer brachten wir sie mit allem in Berührung, was ins Bereich unserer ahnungslosen Neugierde kam. An allem wurde getastet, geleckt, gerochen. Und alles war überdeckt mit dem Auswurf und Staub kranker, leidender Leute. Überall schluckten die kleinen Organe großstädtischen Schmutz; Schweiß und Dunst der Betten, die in dem ummauerten, gepflasterten Hofe auf unserem »Turnreck« geklopft wurden, während wir die klopfende Magd umspielten. Exkrete, Evaporationen ungesunder alter Menschen, die aus den zahllosen Teppichen, aus oft seit Jahren nicht gereinigten Polsterstücken hervorbrachen, die vor der Flurtür mitten im Treppenhause ausgestaubt wurden. Und wenn wir zum ersten Male die endlose Stiege hinaufkletterten und die kleinen Lungen von der Pein dieser Leistung keuchten, dann kam aus dem stets ungelüfteten Treppenhause ein mächtiger Staubschwaden in unsere Kehle, wurde niedergeschluckt und brachte vielleicht die Keime zu langem Siechtum in die kindliche Blutbahn … Wie oft hat nicht die Morgenmilch oder die Mittagssuppe auf dem Küchenbalkon zum Abkühlen im offenen Topfe gestanden, während drunten auf dem Hof ein fremdes Bett geklopft wurde. Wie oft trocknete nicht unsere Kinderwäsche auf dem Balkon des Hinterhauses in der Sonne, während aus dem Fenster darüber ein Bettstück ausgeschüttelt wurde. Und wehe, wenn in dem Bettstück ein Krebskranker, ein Tuberkulöser, ein mit Diphtherie oder Masern behaftetes Nachbarkind gelegen hatte. Dann entstand wieder eine jener Infektionen, bei denen jeder sich verwunderte, wie nur der Junge, den man sorglich behütet und von dem Verkehr mit Nachbarkindern abgehalten hat, plötzlich eine Übertragungskrankheit ins Haus bringt. Diese ganze Absperrungshygiene nützt ja nichts. Wir sehen täglich, dass es einfachere Wege gibt, auf denen Infektionskrankheiten über Kinder kommen, durch die Tausende dahingerafft, andere Tausende mit unerklärlichem, dauernden Siechtum geschlagen werden. Mag der Magen auch imstande sein, täglich zahllose Krankheitserreger, die mit der Nahrung aufgenommen werden, zu vernichten, niemand soll darum wähnen, dass es für kleine zarte Organismen gleichgültig sei, wenn Stoffteilchen Krebskranker und Schwindsüchtiger in die Nahrungsmittel gelangen. Wir erfahren immer neu, dass unter der Herrschaft der allein seligmachenden Einfamilienwirtschaft ein einzelner Phthisiker in der Lage ist, den gesamten Umkreis seiner Angehörigen (trotz der sorgfältigsten Vorsichtsmaßregeln) zu vergiften, dass jedes kleine Kind, das den Stuhl des lungenkranken Vaters umspielt, in ewiger Gefahr für seine gesunde Entwicklung schwebt. Denn das Kind, das die Fingerchen zum Munde führt, während es auf dem Boden herumspielt, scheulos und ohne die hemmende Berührungsangst des Erwachsenen, nimmt in dem widerstandsunfähigen Körper unvergleichlich mehr Krankheitskeime auf als der normale Erwachsene. Es verfällt daher in tuberkulöser Umgebung rettungslos der Infektion, von der es durch rechtzeitige Isolierung und energische Separation der Kranken bewahrt worden wäre, auch dann, wenn seine leiblichen Eltern, beide, Phthisiker sind. Denn die Tuberkulose (selbst wenn man die Tatsache »organischer Disposition« zugibt) wird nicht als *solche* im Mutterleibe erworben, sondern kann erst durch Infektion irgendwie »ausgelöst« werden. – Nun aber bedenke man auch, wie alle diese Betten und Polster, deren tosendes Ausklopfen uns beständig in den Ohren liegt, durch öffentliche Unreinlichkeit und das üble Ausspucken belastet sind. Überall, an den harmlosesten Orten, kann sich in Zeugstoffe virulenter Auswurf in Form getrockneten Staubes nisten. Bei der grauenhaften Rücksichtslosigkeit der meisten sogenannten Menschen schwebt solch armes schutzloses Kind, das nicht zufällig als Generalstochter oder Bankierssohn in die Welt tritt, und nicht von waadländischer Amme oder englischer Gouvernante behütet wird, fortdauernd in der Gefahr, bei harmlosen Spielen die ekelhaften Gifte unreinlicher Menschen in sich aufzuspeichern ... Man überzeuge sich nur in den Pferdebahnen und elektrischen Bahnen, in Eisenbahnwaggons, von der untersten bis zur obersten Klasse, in Fluren öffentlicher Gebäude, Universitäten, Akademien von der naiven Unverfrorenheit und Selbstverständlichkeit, mit der diese Menschen, Männer und Weiber, überall hinspucken, ohne dass irgendwem einfällt, solche Lamas verantwortlich zu machen und ihre Unsittlichkeit zu verbieten ... Ferner denke man auch an die vielen Menschen, die ihr Leben lang Treppen zu steigen haben, täglich, Haus an Haus, hinauf und wieder hinab, deren Leben sich recht eigentlich auf den Treppen und in der

Hausflur der anderen abspielt; Briefboten, Geschäftsboten, Hausierer, Gerichtsvollzieher, Agenten, Ärzte, Privatlehrer. Ermisst man wohl die Infektionslast, die wir täglich durch diese Unarten der Hausreinigung zu paralysieren haben? Da beim Treppensteigen Lunge und Herz heftiger arbeiten, so drängt sich der trockene Staub, den die ausgeklopften Möbel und Kleider in den lichtlosen, ungelüfteten Treppenhäusern hinterlassen, in die offenen Respirationsorgane, wird niedergeschluckt, verarbeitet und in die Blutbahn gebracht... Welche Bedeutung dieser spezifischen Art von Möbelreinigung für die Gesundheitsstatistik zuzuschreiben ist, zeigt sich an dem folgenden Beispiel, das ich dem Bericht eines in Tunesien lebenden Arztes entnehme. Dieser legte über die Verbreitung der Infektionskrankheiten bei in Bezug auf »Rassenanlage« ungleichen Bevölkerungsschichten Statistiken an. Ihre Ergebnisse wünschte er durch die angeborenen Unterschiede der »biologischen Konstitution«, aufgrund verschiedener »genuiner Nosotropie« zu erklären. – Nun aber zeigte sich, dass unter den drei hauptsächlichen, ihrer Deszendenz nach verschiedenen Bevölkerungsschichten Tunesiens, der arabischen, europäischen und jüdischen Bevölkerung bestimmte Krankheitstypen in der Tat endemisch lokalisiert sind. Man findet insbesondere, dass der blondere, blassere europäische Typus den Erkrankungen des Blutkreislaufes, z. B. Anämie und Chlorose leichter ausgesetzt ist als der brünette Typ, dass bei den dunkel pigmentierten Individuen dagegen die nervösen Erkrankungen mannigfacher sind, ja dass man im Groben von dem Typ des »Blutmenschen« und dem des »Nervenmenschen« reden könnte. In Bezug nun auf die spezielle Verbreitung der Tuberkulose war auffallend, dass sie bei den tunesischen Juden nicht eben groß ist, obwohl diese zum größeren Teil der allerärmsten Volksschicht zugehören. Die Sterblichkeit an Schwindsucht bei der arabischen, europäischen und jüdischen Bevölkerung Tunesiens verhält sich konstant wie 12:6:1. Da nun aber die »Nosotropie« der arabischen und jüdischen Bevölkerung sich im Übrigen als fast gleichartig erweist, so muss hinter dieser Ausnahmestellung des Juden zur Tuberkulose noch ein *besonderer* Faktor zu suchen sein. Das Rätsel löst sich aufs Allereinfachste. Der Jude darf in Bethäusern und Versammlungshäusern keinerlei Polster, Teppiche und Zeugstoffe verwenden. Er benutzt sie auch in den Privatwohnungen nicht und hängt sogar nur ausnahmsweise Vorhänge an die Fenster. Da er somit ausschließlich Holzmöbel benutzt, so kennt er auch nicht die europäische Art der Wohnungsreinigung mit trockenen Besen, sondern er gebraucht feuchte Lappen, mit denen alle Gebrauchsgegenstände mehrmals am Tage abgestaubt werden. Damit ist eine zwar primitive aber ganz rationelle Hygiene der Hausreinigung gegeben. Denn es ist keine Frage, dass der viele trockene Staub bei der Hausreinigung (der so oft einfach unter die Schränke gefegt wird), dass ferner das gebräuchliche Daunenbett, dessen Schütteln und Klopfen auf Balkons und in Höfen die Luft mit Krankheitsstoffen erfüllt, und dass endlich das primitive Ausklopfen der Polstermöbel an dem Entstehen von Epidemien in Städten wesentlich beteiligt sind.

Haben wir dies alles erkannt, so wissen wir, was wir von dieser heimtückischen, gemeinsten Lärmart künftig zu halten haben. Die Gefahren der Polstermöbel sind längst gewürdigt. Aber man hat darum noch keineswegs die für das öffentliche Wohl notwendigen Maßregeln getroffen. Man sollte bei der Einrichtung öffentlicher Gebäude, wie Gerichtssäle, Bibliotheken, Schulen, Banken, Galerien, Museen, Vergnügungs- und Speiselokalitäten niemals Polstermöbel und Sessel verwenden. Die üblichen roten Plüschsessel in den großstädtischen Cafés, an denen jedermann sein Haupt scheuert, sind gar widerwärtig. Man besuche eine große moderne Privatbank oder die Bureaux moderner Großkaufleute oder Industrieller, man überzeuge sich, wie geschmackvoll und solide, bequem und schön große Räume mit behaglichen Holzmöbeln oder Ledermöbeln ausgestattet werden können, ohne Stoffe, Plüsche, Portièren, schwere Teppiche. Man bedecke die Wände mit leichtem Farbenfirnis oder waschbarer Lincrustatapete, den Boden mit sauberem, häufig mit Karbollösung gereinigtem Linoleum; man verwende keine Ripps-, Samt- und Plüschstoffe, wohl aber festes waschbares Leder. Es ist eine Erfahrung, die jeder Reisende bestätigt, dass man mit der dritten Wagenklasse gesunder und gefahrloser in Bäder und Kurorte reist, als auf den bedrohlichen Polstern der beiden oberen Klassen ...[10]

***

Es wäre nun aber zu erfragen, wie denn die schrecklichen Begleiterscheinungen der Hausreinigung vermieden werden können? Man darf wahrlich nicht erwarten, dass in jeder kleinen Familie die einzige geplagte Dienstmagd oder die arme Hausfrau (etwa auf Handkarren) Bettstücke, Treppenläufer, Matten und Teppiche auf ein vor der Stadt gelegenes vorgeschriebenes Klopfterrain hinausfahre, um dort fern von beleidigten Ohren nach Herzenslust zu lärmen. – Wohl aber wäre es ein Leichtes, das Geschäft der Hausreinigung zunächst wenigstens teilweise zu zentralisieren.

Das Ausklopfen von Polstern und Teppichen könnte einen eigenen Beruf bilden, dessen Ausüber täglich, in frühesten Morgenstunden durch die Straßen fahren,

10 Auf den böhmischen Bahnen fand ich in den Kupees folgende Verfügung in deutscher und böhmischer Sprache aushängen: »Das freie Ausspucken ist strengstens verboten. Zuwiderhandelnde werden nach der Ministerialverordnung vom 30. September 1857 R.-G.-Bl. 198 mit Geldstrafen von 2 bis 200 Kronen oder mit Arrest von 6 Stunden bis 14 Tagen bestraft.« – Diese Strafe ist viel zu niedrig. Ähnliche Verordnungen aber sollten im Hinblick auf die Tuberkulosegefahr für alle Bahnen gelten, nicht bloß in Böhmen. – In Bezug auf die Gefahren durch Polstermöbel möchte ich noch folgendes bemerken: Es gibt kein anderes Land, in dem eine edle Tradition so sehr der Hygiene im Wege steht, wie in Deutschland. Gerade in der besten Kulturgesellschaft, insbesondere auf den Schlössern des Adels ist der Hausrat mehr oder minder »historisch«. Man erschrickt, wenn man die Stillosigkeit berühmter Paläste betrachtet. Zwischen Ahnenbildern in vergoldeten Rokokorahmen hängt das Telefon; hohe Säle voll unpraktischer Meubels; Säle, in denen alte Vitrinen und ungeheuere Kachelöfen stehn, durch Dampfheizung erwärmt, die heimlich hinter den alten Gobelins und Draperien der Wände verborgen liegt. Ein Parvenü in Nordamerika ist komfortabler, stilvoller und vor allem hygienischer eingerichtet als unsere vornehmsten Adelsgeschlechter in Ostpreußen, Brandenburg, Böhmen oder Ungarn. Sie leben mehr in einem Museum als in Arbeits- und Wohnräumen, als Diener ihrer Geschichte, als Diener der Ehrfurcht gegen tote Jahrhunderte.

um die für den Tag zu reinigenden Möbelstücke auf Karren abzuholen, auf den Klopfplatz zu fahren und umgehend zurückzuliefern. Diese Abgabe des Betten-, Polster- und Teppichklopfens würde Gesundheit und Arbeitskraft vieler arbeitender Frauen ersparen. Der Unternehmer könnte einen guten Gewinn erzielen, selbst wenn er für jedes geklopfte Stück nur ein paar Pfennige erhielte. Endlich wird sich zeigen, ob etwa die Reinigung der Polster durch hydraulisch komprimierte Luft, wie sie gegenwärtig an einigen Orten eingeführt wird, schließlich zu allgemeiner Anwendung kommen kann.

Alle die hier besprochenen Schäden wurzeln freilich letzten Endes tiefer, wurzeln in den vom Mittelalter überkommenen Wirtschaftsformen der Einzelkochwirtschaft und des separierten Familienhaushaltes, in denen auch der moderne Mensch die Grundlage des »Individualismus«, der »individuellen Gemütlichkeit«, ja schließlich das ganze *Wesen* des Familienlebens und die einzig *mögliche* Form des »intimen und differenzierten Zusammenlebens« gleichgestimmter Seelen oft noch zu erblicken pflegt. Eben darum aber, weil in diesen *Formen* der Wirtschaft persönlichste Gefühle und Stimmungen der Seele seit alters verankert liegen, ist, den meisten Menschen gegenüber, unmöglich, die Vergänglichkeit und Unzweckmäßigkeit dieser Lebensformen objektiv klar zu machen, denn immer wieder wird die Vorherrschaft willkürlicher und subjektivistischer *Formen* als der Ausdruck persönlichen, individuellen *Erlebens* in Anspruch genommen. Aber gleichwohl werden einmal Zeiten und Menschen kommen, die unsere Lebensart nicht mehr begreifen. Sie werden sich immer von neuem wundern, wie wir nur unter den jetzt gegebenen Gestaltungen der Hauswirtschaft schaffen und altern konnten. So etwa wie *wir* uns wundern, wenn wir im Hause Dürers die alte Küche sehen, in der einst Frau Agnes ihrem Gatten das tägliche Mahl bereitet hat.

***

Steckt denn nicht unbeschreibliche, grauenhafte Vergeudung von Menschenleben, von unwiederbringlichen Seelen- und Geistes-Kräften dahinter? Familienhäuser mit zehn, zwanzig, hundert Parteien! Eine jede kocht tagtäglich auf dem eigenen Herde dieselbe Suppe. Aus einem Kellerverschlage wird jeder Eimer Kohlen einzeln die Treppen heraufgeschleppt. Jedes Geschirr, jeder Teller wird einzeln gespült und getrocknet; und das in Tagen, wo eine »kraftsparende Arbeitsmaschine« in ein paar Minuten mehrere Hundert Teller selbsttätig spülen und trocknen, in ein paar Minuten die ganze Arbeit erledigen kann, zu der Hunderttausende Frauen dauernd ihren halben Arbeitstag verwenden. Und jedes Pfund Zucker, Kakao oder Reis wird drüben, vom Kleinhändler einzeln »eingeholt«. Die Bereitung eines Koteletts benötigt ein halbes Dutzend Gänge, Verhandlungen und Übereinkünfte. Alles aber stöhnt über Müdigkeit und Überbürdung; alles lebt nur in suspenso, ewig überhetzt, beschäftigt und nicht bei sich selber. Und überall kommt die Schönheit, kommt die Würde zu kurz. Unsere Frauen altern und verblühn, leisten eine Arbeitsmenge, die kein Mann zu leisten vermöchte und erreichen doch nichts, als dass alle dieses, Kochwirtschaft, Hauswirtschaft, Kinderpflege ganz unrationell, unzweckmäßig und dilettantisch geübt wird, als dass sie mit all ihrer undifferenzierten, planlosen Wirtschafterei sich und andern das Leben vergällen. Zumal der Vormittag und der frühe Morgen in den Familienhaushalten der »weniger Bemittelten« ist eine kleine Privathölle. Ein ewiges Schruppen, Kratzen, Bohnern, Umkramen und Umräumen. Ein Tollhaus knarrender, kreischender, wetzender Geräusche. Dazwischen Zurufe und Menschenstimmen. Wenn dann schließlich die rasselnden Privatmaschinen der Familienhaushalte leidlich in Gang kamen, wenn genug geklopft, gewischt, gerückt und geschruppt ist, dann ist der halbe Tag herum. Die Sonne steht in Mittag; die Arbeitskraft ist verbraucht, die Seele müde und stumpf. Und neunzig Prozent aller Lebenden widmet sich doch ausschließlich diesem Lebensziele, Kochtöpfe und Kleider in guter Ordnung zu halten, um erträglich essen und schlafen zu können. Die kleine Schar der Übrigen, der »Überflüssigen«, die inmitten dieser Wirtschaftshöllen nutzlosen »Idealen« nachgehen, wird rücksichtslos niedergestampft …

***

Wäre denn nun wirklich die Individualität bedroht, wenn man den Konsum unifizierte? Wenn man den Zucker, Reis, Kaffee, Tee, Kakao, mit Vermeidung alles Zwischenhandels und ungeheuerlicher indirekter Steuern, in großen Quantitäten vom Orte der Produktion bezöge? Wäre denn wirklich euer »ideales Familienleben« in Gefahr, wenn ein Wohnhaus von 25 Parteien nicht 25 Badestuben, sondern einen *einzigen* großen Baderaum mit allen nur möglichen Apparaten der häuslichen Hygiene und Gesundheitspflege aufwiese? … 25 Familien, die ein großstädtisches Proletarierhaus in der Stadt Krähwinkel bewohnen, halten sämtlich das »Krähwinkler Intelligenzblatt« und beziehen aus ihm ihre Geistesnahrung. Gesetzt, sie vereinten sich, einen luftigen Parterreraum ihres Proletarierhauses zum Lese- und Bibliothekzimmer herzurichten, so könnten dort täglich 25 verschiedene Zeitungen ausliegen und von jedem eingesehen werden, und es würde nicht mehr kosten als heute ein jeder für das »Krähwinkler Intelligenzblatt« bezahlt. Die Verbilligung und Verbequemlichung, der Gewinn an individueller Freiheit, Unabhängigkeit und Muße, der in kleinen und dürftigen Verhältnissen aus der Sozialisierung der äußeren Wirtschaft erblüht, ist so sonnenklar, dass ich nicht begreife, warum überhaupt noch nötig ist, diese Selbstverständlichkeiten zu wiederholen. Selbstverständlichkeiten freilich nur für bedürftige und kämpfende Menschen; nicht für jene, die in separierten Familienvillen mit dem Aufwande großer Dienerschaft leben können und im Grunde alle Funktionen der Hauswirtschaft, ja sogar die Wartung und Pflege, und die ganze Erziehung und Bildung ihrer Kinder auf *dienende* Kräfte abgewälzt haben. Die Bevölkerungsschicht der Aktionäre aber ist in der Wirtschaftsreform schlechterdings nicht maßgebend; wer sich das Leben ohnehin einrichten kann, wie er *will*, hat kein Verständnis und hat in der Regel auch kein *Gefühl* für das, was dem Leben *notwendig* ist.

Können aber auch jene, die in den Formen des kleinen Haushaltes leiden und verkümmern, die Notwendigkeit *neuer* Haushaltsformen nicht einsehen, nun, dann sollen sie auch nicht klagen. Dann lebt und sterbt meinethalben unter der Tyrannei all der toten Objekte! Lebt für die Reinlichkeit eurer Kochtöpfe und Wäscheschränke! Sterbt für die Tadellosigkeit eurer Räucher- und Speisekammern! Aber fordert nicht von mir, dass ich vor dieser Unsumme zwecklos verbrauchter Frauenkräfte Ehrfurcht empfinden soll! Fordert nicht, dass ich bewundre, wenn freie Seelen für das Ziel leben, dass das Kotelett gemäß der »Individualität« der Familie gebraten werde und die Gänsehaut genau so knusperig gerät, wie Papa das am liebsten hat. Ich verstehe nicht, verstand wohl niemals, was an der Hausfrau und Mutter vom »alten Schlage« gar so liebenswürdig und verehrenswert ist. Die Syssitien der Alten boten ein *schöneres* Bild als die deutsche Bürgersfrau am Kochherd. Und was ist das wohl für eine Sorte von »Individualismus«, die die feinsten Kräfte der Seele den subjektiven Gourmandisen des Magens opfert? ... Frühzeitig verblüht, unliebenswürdig und verbittert, im ewigen Übermüdet- und Überhetztsein, im engen Dunstkreis der geliebten Küche, nie zur Selbstverantwortlichkeit, zum Stolz, zum eigensten Selbst gekommen, – so vergeht heute das normale Frauenleben. Auf dem Sterbebett aber kann sie sich sagen, dass sie treu und ehrlich stets dafür gelitten hat, dass ER mittags und abends »sein Leibgericht« bekam. –

Ich will euch verraten, *was* in Wahrheit hinter dieser Willkür und Zufälligkeit verborgen liegt. Disziplinlosigkeit, Primitivität und rüpelhafte Unkultur des durchschnittlichen *Mannes*. Es soll alles nach *Laune* gehen. Ihr möchtet euch eben gehen lassen. Ihr habt weder echten Patriotismus noch echten Bürgerstolz; ihr habt nicht ein einziges Ideal, für das ihr im

Tageskampf euch das geringste *Opfer* auferlegtet. Wofür würdet ihr denn wohl das Schafott besteigen? »Behaglichkeit« ist eure einzige Göttin. Ihr seid nicht eigenartig, nicht »individuell« genug, um nicht *fürchten* zu müssen, dass mit der Willkürlichkeit der Lebens*formen* auch die Einkehr und Abgeschlossenheit eures *Wesens* dahinfällt. Ihr *besitzt* euch gar nicht selber; sondern ihr müsst euch erst abgrenzen und vermauern, um zu dem Gefühl zu gelangen, eine »Persönlichkeit« zu sein. »Individualismus« aber nennt ihr die Erlaubnis, nach Herzenslust spektakeln zu dürfen. Jede gesellschaftliche Schutzmaßregel gegen das Gegacker jener lauten Narren, jener großen Schreier, jener frechen Schwätzer, die ihr eure »starken Persönlichkeiten« nennt, erscheint euch als »staatliches Nivellement«, als Eingriff der Bureaukratie in die heiligen Rechte des »Individualismus«. Ihr schwatzt gar viel von Liberalismus und Freiheit; aber gibt man euch die Freiheit, sittlich zu *sein*, dann ersehnt ihr nur die Freiheit *von* aller Sitte. Zufall und Chaos beherrschen euer Leben. Zufall und Chaos gebieten, welche Art Menschen in den Mauerlöchern, unter den roten Dächern der Steinverliese zusammengewürfelt werden, sich lieben, hassen, Kinder zeugen und zu Tode quälen. Zufall und Chaos allein schweben um die Gestalten eurer Hausmütter und Hausfrauen. Alles, was in der praktischen Wirtschaftsarbeit am wichtigsten ist, Ernährung und Küche, Hausreinigung, Hygiene, Erziehung, Kinderpflege wird *ohne* inneren Beruf und Begabung, *ohne* Selbstdisziplin, Einsicht und Ehrfurcht, *ohne* Arbeitsteilung und spezialistische Vorbildung betrieben; die Frau kocht, wäscht, reinigt, lärmt und erzieht kraft ihrer »Vorbestimmung« und ihres Geschlechtes, heute genauso wie es ihre Großmütter zur Zeit der Naturalwirtschaft getan haben. Kaum vermag der denkende Geist ohne Verzweiflung zu fassen, wie diese Milliarden dahinleben, Milliarden, die ihr armes, kurzes, unwiederbringliches Leben nur dazu bekommen haben, um sich in zahllosen kleinen Privathöllen zwischen viele überflüssige geschmacklose und hässliche Dinge einzusperren und ihre Ehre, ihre gesamte Lebenskraft darein zu setzen, nur ja korrekte Gesinnungen und korrekte Kleider zu tragen. Ach, so vorsichtig, so mittelmäßig, beschämt, bequem und unselbständig. Und in aller Feigheit und Sehnsuchtlosigkeit so laut und ohne Ehrfurcht!

***

Rationellere Formen der Hauswirtschaft und des Familienlebens aber werden erstehen. Sie werden ein großes Stück all des wohl entbehrlichen, ganz zwecklos und unnütz vollführten, dilettantischen Gelärmes beseitigen, durch das wir unter der Alleinherrschaft der *gegenwärtigen* Wirtschaftsform so oft und so bitter gelitten haben. Künftige Geschlechter werden uns belächeln. Sie werden nicht begreifen, warum die Räder unseres Wirtschaftsgetriebes so furchtbar knarren und dröhnen mussten, warum wir denn so gelebt haben und so gestorben sind. – Ihr könnt freilich billig höhnen, dieses alles sei Zukunftstraummusik. Aber ich sehe nicht ein, dass die Gegenwartsmusik des Staubklopfers und Teppichschlägers liebenswürdiger sei …

7.

»Wer nennt mir wohl das hochgelobte Land
Zeigt mir den Weg zur benedeiten Gasse,
Wo das Klavier noch keinen Eingang fand.
Dies Marterwerkzeug, das ich grimmig hasse.
Schriebst heut Du die Vernunftkritik, o Kant,
Ansammelnd mächtige Gedankenmasse,
Du müsstest taub sein, philosoph'scher Heiland,
Wo nicht, Dich flüchten auf ein wüstes Eiland.«
L. Fulda.

Wir sind ein Ohrenvolk, aller Anschaulichkeit und Sichtbarkeit bar. Aber wenn der Anblick unseres Lebens übertrieben, formlos, hässlich oder gar komisch sich ausnimmt, so besitzen wir doch auf *einem* Schaffensgebiete einen tröstenden Vorzug: Im Reich der *Töne* sind wir tief innerliche Empfinder und Träumer. Die Musik ist die bestimmende Macht unserer Volksseele, der unbestreitbare Stolz deutscher Kultur. Das ist ein Vorzug, ist auch ein Nachteil. Denn wir sind dem entzückenden Teufel so vollkommen ausgeliefert, dass deutsche Kultur an musikalischer Elephantiasis schließlich zugrunde geht ... Kann man sich denn in Deutschland irgendwo unter Menschen getrauen, ohne auf Stunden dem Gesang oder Instrumentalspiel eines Dilettanten ausgeliefert zu werden? Gibt es irgendwo Wälder und Parke, wo man sicher ist vor dem Potpourri, vor dem Promenadenkonzert und der Militärkapelle? – Ich rede hier nicht von großer Kunst. Rede nicht von den wenigen, die Musik als ernstes Studium und Arbeit treiben. Diese werden mich schon verstehen, denn ihre ernste Freude hat nichts zu schaffen mit den Vergnügungen aller der Hunderttausende, für die Musik ein gelegentlicher Zeitvertreib, eine Abladestelle billiger, flacher Gefühle, eine Salpeterplantage müßiger, spielerischer, exzitierender Erregungen ist. Ich wünsche nichts zu ungunsten allgemeineren Verständnisses der Musik zu sagen. Wer imstande ist, Partituren und Klavierauszüge der größten Orchesterwerke, die Werke Bachs und die Lieder mancher neueren Meister im stillen Zimmer zu studieren, besitzt einen Reichtum, der ihn über alle Welt und alle Not der Welt hinaushebt. Aber was hat dies zu schaffen mit dem Zeitvertreib all der Müßiggeher, die sentimentale Melodien auf der Geige kratzen, Salonstücke und Tänze vortragen oder gar stolz darauf sind, dass sie Zither schlagen, auf der Guitarre die Zeit vertrödeln und allerlei Niedlichkeiten und Allerweltslieder vorführen können? Gewiss, wo tiefes, ernstes Leben entgegentritt, da besinn ich mich gern auf einen Spruch, mit dem Theodor Storm uns über Störungen durch unzeitige, unberufene Musik getröstet hat:

»In lindem Schlaf schon lag ich hingestreckt,
Da hat mich jäh Dein Geigenspiel erweckt,
Doch, wo das Menschenherz mir so begegnet
Nacht oder Tag, die Stunde sei gesegnet.« …

Soll nun aber jeder müßig herumlungernde, das Leben vertuende und vertändelnde Mensch, jeder Backfisch, jeder Student, dem die Musik nichts als gute Unterhaltung und angenehme Gefühlswallung zu bieten vermag, zu jeder Stunde des Tages und der Nacht das Recht haben, in ernste, strenge Arbeit einzubrechen? Sollen sie mit ihren Fingerübungen und Etuden uns martern dürfen oder gar mit stundenlangen Solfeggien und platten lauten Gefühlsergüssen unser ganzes Tagewerk zerstören? Man klagt über die Unnatur unserer Lebensführung, bespöttelt und kritisiert den zunehmenden Hang der Gehirnkulis zu nächtlichem Schaffen. Aber dann gebt doch den Armen Lebensbedingungen, unter denen sie existieren *können*, unter denen ein nur auf die Kraft seiner Feder und die Gesundheit seines gemarterten Hirns angewiesener, beständig von der Gefahr des Hungerns oder des geistigen Zusammenbruches umlauerter Mensch noch zu schaffen und zu denken *vermag* ... Ich weiß nicht, *wie* sich feine, zarte, empfindsame Gedanken in diesem Tagesleben erheben und halten sollen, wo man doch beständig von jeder Art Lärm und Geräusch umbrandet wird und wo zu alledem musikalische Aufregungen einwirken, die gerade den für Musik empfänglichen und reizbaren Menschen notwendig in ihr Interesse ziehen und Stimmungen, Dispositionen auf ihn übertragen, die er für seine Arbeit nicht ausnutzen kann, die ihn vielmehr nur zersplittern und ungenützt seine Seelenkräfte absorbieren. –

Im Gebiete der Sinneswahrnehmungen gibt es keinen tiefer einschneidenden Unterschied als den zwischen Menschen, die vorwiegend für Licht- und Farben-Intensität und -Verschiedenheit oder aber für Intensität und Verschiedenheit von Schall- und Gehörseindrücken empfindlich sind. Wer also zum »geistigen Typus« gehört, der wird Natur und Welt weniger in Form von visuellen, optischen Vorstellungen als von motorischen Klang- und Wortvorstellungen verarbeiten. Er muss entsetzlich unter dem Dasein anderer leiden, die in weit höherem Grade auf konkretes direktes Wahrnehmen eingestellt und für alle die feineren, indirekten Vermittelungen durch das Ohr unzugänglich sind. Der Zwang aber, während der Nacht, dem Lichte entgegenarbeiten zu müssen, führt mit Sicherheit in immer tiefere Unnatur und Ungesundheit hinein. Nur zur Nacht, wenn alles still ist, wenn alle die Lärmer und Schreier zur Ruhe gegangen, dann erwachen die Gedanken, erwachen im ruhigen Sternenlicht, unter dem bleichen Monde. Aber sie lassen uns übernächtig, bleich und erschöpft zurück. Wenn die gesunden, natürlichen Menschen erfrischt und freudig aufstehen, in den frühen, reinen, heiligen Morgenstunden, dann sind wir zu aller Arbeit in der Regel am unbrauchbarsten. Diese Stunden sind uns zu laut, zu zersplittert und unruhig. Dazu kommt, dass die Zeit nach der Mahlzeit für jeden geistig Schaffenden durchweg unergiebig, unproduktiv verläuft. Es wird also die Gewohnheit, erst gegen Abend mit der Arbeit zu beginnen, durch alle Lebensbedingungen gefördert, die für den Nervenmenschen natürlich, für den gesunden normalen Muskelmenschen direkt schädlich und unnatürlich sind. Es ist unter den Verhältnissen der modernen Großstädte unausbleiblich, dass der geistigere, verfeinerte Mensch zu einer unhygienischen Umkehrung der Tag- und Nachtzeit gedrängt, dass er immer mehr zu einem Abendmenschen gemacht wird. Alle seine entscheidenden wichtigen Erlebnisse gehen bei künstlichem Lichte vor sich. Er ist so unnatürlich und ungesund wie das allnächtlich, im Mondlicht gespielte Theater, das die eigentliche Domäne des gegenwärtigen Menschengeschlechtes geworden ist.

Nur eines könnte vor der gänzlichen Umkehrung der Tageszeiten schützen: energische Zwangsmaßregeln zur Unterdrückung des Lärmes und der Geräusche des Tages. Für die »Hausmusik« aber, gegen deren Missbrauch bisher noch nicht der mindeste Rechtsschutz geschaffen wurde, scheint mir das zu allerоberst nötig zu sein. Man besteuere endlich das Luxusklavier, besteuere musikalische Lustbarkeiten und Vergnügungen (nicht aber etwa belehrende Vorträge und bildende Veranstaltungen); man besteuere die Geige und die viel gemissbrauchte Gitarre. Man besteuere Spieldosen, Drehorgeln und Musikautomaten und übe diese Steuer rücksichtslos in alle *den* Fällen, wo nicht die Notwendigkeit der Musikinstrumente zu Studienzwecken oder zu selbsttätig ausgeübtem Erwerbe nachgewiesen werden kann, sondern wo Musik zu Unterhaltung und Zeitvertreib müßig gehender begüterter Kreise getrieben wird. Keine Luxussteuer wäre so berechtigt, keine besser angebracht … Sodann aber schaffe man feste Vorschriften, unter deren Befolgung allein, Musikinstrumente in Privathäusern gehalten werden dürfen. Man schaffe sie zunächst etwa in Form von Spezifikationen zum Grobe-Unfug-Paragraphen (360, 11, R.St.G.B.), dessen gründliche Neubearbeitung ja doch in der allernächsten Zeit unausbleiblich ist. Dieser alberne Paragraph ist vortrefflich dehnbar. Überflüssiges Klavierspiel aber ist unbedingt als gröbster Unfug zu betrachten. Man sehe endlich auch im Polizeistrafgesetzbuch strenge Strafvorschriften vor, gegen willkürliche Ruhestörung durch Musiklärm. Man setze fest, erstens, dass in Privathäusern (ohne Gewerbeschein oder event. polizeiliche Dispensation) zu bestimmten Ruhestunden vor allem auch am Sonntag- und Feiertagsvormittag überhaupt nicht musiziert werden darf; zweitens, dass für die Dauer des Übens auf weithin tönenden

Instrumenten die Fenster der Privatwohnungen zu schließen sind; widrigenfalls stehe Geldstrafe, Haft und Konfiskation des benutzten Instrumentes zu erwarten. Ferner sollen sich die Hauswirte dahin einigen, dass sämtlichen Mietern in Häusern, die nicht von *einer* Partei bewohnt werden, nach 9 Uhr abends und vor 9 Uhr morgens das Musizieren schlechterdings verboten wird. Die Sonntagvormittage aber, die für Hunderttausende eine kurze Erholungsfrist bieten, sollten nimmermehr durch das Gelärm der Frühschoppenkonzerte, Biermusiken und Privatklaviere ihrem Zwecke, Sammlung und Ruhe zu gewähren, entzogen werden. Wie die gröberen Organe unseres Leibes durch die staatliche Autorität geschützt werden, wie man die Bevölkerung vor schlechten, verdorbenen oder verfälschten Nahrungsmitteln zu behüten versucht, so sollte auch das zarteste wichtigste Organ, das Ohr, zumal aber das Ohr der Schuljugend, vor dem schlechten, verfälschenden, den Geschmack verpöbelnden Musiklärm geschützt werden. Goethe lässt im Wilhelm Meister diejenigen, welche sich der Musik widmen, eine gesonderte »pädagogische Provinz« bilden, möglichst abgelegen und entfernt von allen anderen. Und in der Tat, es ist nicht einzusehen, warum nicht jede Stadt und jedes Stadtviertel eigene Gebäude für musikalische Studienzwecke, für Klavier- und Gesangsübung besitzen sollte, so wie man in Sanatorien und Kurorten abgelegene Musikzimmer herstellt, wohin sich diejenigen, die singen und spielen oder dem Spiel und Gesang zuhören wollen, zurückziehen mögen …

***

»Musik wird oft nicht schön gefunden,
Zumal sie mit Geräusch verbunden.«

Eine grauenhafte Unsitte grassiert in ganz Deutschland: das allgemeine Restaurant- und Kaffeehauskonzert. Wer auf das Wohlwollen seiner Mitmenschen angewiesen ist, musikalische Ohren besitzt und sich nicht »aus dem Erwerbsleben zurückziehen« kann, der wird durch Musik, in der alle Welt ihre Nöte und Sorgen übertäubt, fast zu Tode gemetzgert. Jede Arbeit in Fabrikhöllen und Schwitzschachten wird von rhythmisiertem Lärme begleitet. Aber auch alle Erholungsstätten sind von schlechter Musik überfüllt. Der jeweilige Gassenhauer, heute das »Lied von der Holzauktion«, morgen die Matschiche, verfolgt uns bis in die Träume der Nacht. Die allgemeine Musikwut übt auf die Kultur des Ohres dieselbe Wirkung, die das illustrierte Journal, das »Witzblatt« und die kitschige Reproduktion auf die Kultur des Auges übt. Man lebt im Hören und Sehen gleich wüst und unkultiviert ... Was aber nützt es dagegen streiten, bald in Mitleid, bald in Ekel? – Rücksicht heißt Schwäche. Güte heißt Ohnmacht. Der eine überschreit immer den andern.

Mit nichts pflegt der Normalmensch verschwenderischer umzugehen, als mit der Aufmerksamkeit und Zeit seiner Mitmenschen. Wenn man zu einem Besuche, einer Gesellschaft mich veranlasst, bei der man mir nichts vorzusetzen hat als Nervengifte, die meine Fähigkeiten lähmen, Speisen, die ich nicht vertrage, Gespräche und Unterhaltungen, die Zeit und Aufmerksamkeit rauben, ohne mich im Mindesten zu erfreuen und zu fördern, begeht man da nicht an meinem Lebenswerk ein Verbrechen? Wie edel könnte doch Geselligkeit sein, wenn Menschen sich nur füreinander *verantwortlich* fühlten, wenn es sich um etwas Besseres handelte als um die Übereinkunft, den größeren Teil des Lebens müßig, bequem und ohne Anstrengung miteinander zu vertrödeln. Sobald man aber beisammensitzt und der übliche Klatsch und Tratsch erschöpft ist, stürzt irgendjemand ans Klavier, ohne zu fragen, ob man Musik hören mag, ob man *seine* Musik hören mag. Man sollte jedem geselligen Zusammensein, sollte auch allem Musizieren einen positiven, methodischen Inhalt geben. – Hat uns aber einer durchaus und ganz und gar nichts mitzuteilen, was fördern und erfreuen kann, dann soll er wenigstens zuzuhören und zu lernen verstehn … Von Kant, Fechner, Lotze, Darwin wird uns ausdrücklich berichtet, dass sie tief schweigsame Naturen waren. Wer aber kann sich wundern, dass Lebewesen, die gar nichts in der Seele tragen als spezifische Futtertrog- und Familieninteressen wie die Mühlen klappern, dass sie im Lärme leben wie der Fisch im Wasser und selbst die hehre Musik zur »Unterhaltung« entweihten, sie, die keine Stubentür schweigend zu schließen vermögen …

***

Alle der widerwärtige Musiklärm bewährt nun einen eigentümlichen Untergrund. Er verbirgt eine merkwürdige Beziehung zu des Menschen erotischen Erfahrungen. – Zunächst scheint mir, dass die Produktivität in der Musik ebenso in der aktiven Geschlechtlichkeit verwurzelt ist, wie das verfeinerte *Verständnis* für Musik einer Transformierung und instinktiven Gebundenheit erotischer Impulse zu entsprechen pflegt. Man darf getrost behaupten, dass hinter einem großen Teile des Musiklärms, der täglich vollführt wird, ganz wie hinter dem Gesange der Vögel, erotische Verwebungen und Verwickelungen, das Einandersuchen und Fliehen der Geschlechter im Verborgenen lauert. Diesen Gesichtspunkt müssen wir zunächst für die Erklärung der ungleichen musikalischen Anlagen von Frau und Mann wohl im Auge behalten. Die oft betonte Unfähigkeit der Frauen zur Komposition, d. h. zur »Produktivität« in der Musik und ihre doch gleichzeitig wirksame, ganz ungewöhnliche musikalische Empfänglichkeit und Verständnisfähigkeit für interpretatorische, reproduktive Aufgaben, – sie erklären sich aus einer tiefen Gebundenheit des Trieblebens. Die Frau ist nicht aktiv, nicht spontan. Sie ist immer und überall »rationaler« als der Mann. In ihr dokumentiert sich jene überlegene Rationalisierung des Trieblebens, die der Mensch ausschließlich der Schule der Not, nur langem, geschlechterlangem Leiden und Drucke verdanken kann … Das gleiche Verhältnis der musikalischen Anlage, das zwischen Frau und Mann besteht, findet sich wieder in den Begabungen »primitiver« und »später« Kulturen, d. h. im Verhältnis der noch ungebundenen, rohen und der schon rationell geschulten und durch Überlegung gehemmten Kulturvölker. – Je intellektuell vergeistigter und disziplinierter der Volksschlag wird, umso auffallender pflegt die musikalische Schöpferkraft hinter rezeptiven Musikanlagen zurückzutreten. Man denke an die musikalische Veranlagung der Engländer. Sie sind die intellektuellste und geistigste aller Nationen;

aber sie sind musikalisch fast vollkommen unschöpferisch und doch zugleich von einer Zuneigung und Begeisterung für Musik, die oft lächerliche, exzentrische Formen annimmt … Betrachten wir nun aber die großstädtische Musikwütigkeit unter dieser physiologischen Perspektive, dann könnte man bei dem Klavierspiel und Gesang seines Nachbarn und seiner Nachbarin oft auf allerlei besser zu verschweigende Gedanken kommen …

***

Eine einzige Bemerkung will ich mir zum Schluss nicht versagen: Man beachte, welch eigentümliches, noch unentdecktes gesetzliches Verhältnis obwaltet zwischen dem allgemeinen Klavierspiel und Gesangsbetriebe einerseits und dem Geschrei von Wickelkindern und Säuglingen andererseits. Wenn man dem einen Geräusche glücklich entronnen ist, dann gerät man mit Sicherheit in das andere hinein. Wo die eigentlichen »Proletarier« wohnen, in den Fabrikvierteln, im Osten und Norden der Städte, da ebbt in der Tat die Klavierpest und Gesangsseuche ganz beträchtlich ab. Dafür aber wird man dort von früh bis spät durch rasendes Kindergeschrei dafür abgestraft, dass man auch selber einige Monate seines Lebens so geschrien hat. Wohnt man dagegen in den Westvierteln, unter den sogenannt »besser Bemittelten«, dann findet man, dass der Kinderlärm im ganzen dort freilich beträchtlich geringer ist, dafür aber übt der noch unbesteuerte Emotionskasten, das »Piano« oder »Leiserchen«, eine kaum zu beschreibende Tyrannei aus. Richtige subumbilikale Anfälle, stundenweiser

Musikraptus, Ovarialklänge links, Testalklänge rechts. Sämtliche müßiggehende und gelangweilte Damen der Umgegend, alle Hagestolze, die nichts zu tun und zu verantworten brauchen, haben sich verschworen, zu singen, zu spielen, zu flöten und zu girren, meist aus keinem anderen vertretbaren Grunde als dem, woraus auch der Auerhahn balzt, tanzt, kapriolt und musiziert, Stunden und Tage lang; alle psychophysischen Spannungszustände entäußernd und der Umwelt mitteilend, bis dann schließlich das erwünschte Nest und Eier da sind und die jungen Küken, worauf es mit dem Kunsttrieb und der Kunstbegeisterung plötzlich ein Ende hat. Gott beschütze meine Ohren und verhelfe euch baldigst zu einem – Umzug in das Nordviertel. Ich aber stehe auf Leichen- und Trümmerstätten grausam gemordeter Gedankenkinder und habe nichts als den Stoßseufzer des Dichters:

Jetzt rede mir nur Einer noch
Vom Schaffen oder Denken,
Vom sauer-süßen Arbeitsjoch
Vom tiefen Sichversenken.
Kaum sitz ich auf dem Stuhle fest
Mit ernst gesenkten Wimpern,
Beginnt mein Nachbar, Höll und Pest,
Voll Wut Klavier zu klimpern.
Zu stampfen, zu hacken,
Zu hämmern, zu knacken,
Zu martern, zu klopfen
Watte her,
Werg her,
Wachs her,
Ich will mir die Ohren verstopfen!

Fünftes Kapitel

RECHTSSCHUTZ WIDER DEN LÄRM

»Ruhe ist die erste Bürgerpflicht.«
Schiller

I.

Die Störung durch Lärm und Geräusch gehört zu einer Gruppe von Delikten, der die Jurisdiktion schlechterdings nicht beikommen *kann.* Ich möchte sie »hygienische Delikte« nennen. Ich meine damit vielerlei Schädigungen des Mitmenschen, ja sogar viele Arten verfeinerten Mordes, die sich bisher weder in die Paragraphen des Strafrechtes noch des Zivilrechtes einfangen ließen, obwohl sie gerade den schlimmsten Eingriff in die persönliche Rechtssphäre darstellen. Die sogenannte Lex Heintze, die neuerdings Bestrafung dessen fordert, der eine gonorrhoische oder luetische Infektion wissentlich auf andere überträgt, ist nur *eine* von sehr vielen Forderungen, die auf ein noch fast unbebautes, braches Gebiet der Rechtspflege hinweisen. Wie können wir etwa den Phtisiker verantwortlich machen, der auf das Straßenpflaster speit? wie einen Friseur, der mit unreinen Händen die Bartflechte überträgt? einen Straßenhändler, der vor den Fenstern eines Krankenhauses Lärm vollführt? – Wenn in allen diesen Fällen eine Anklage und Bestrafung schwer ist, so ist sie noch weit schwieriger in den zahllosen Fällen, wo Vertrauen, Liebe, Schwäche oder Gläubigkeit zur Bereicherung (oder auch nur zu Machtgefühlen) ausgenutzt werden. Das tut der Arzt, der voll naiven Selbstvertrauens, in experimentierender Ahnungslosigkeit ein Menschenleben schädigt oder vernichtet; das tut jede Frau, die aus der Liebe oder Güte eines Mannes irgendwelchen Nutzen zieht, ohne Gegentreue zu geben; das tut ein Lehrer, der die Urteilslosigkeit eines vertrauenden Kindes missbraucht, um ihm feste Vorurteile und schädigende Fanatismen einzupflanzen. Alles dieses sind ethische, nicht aber juridische, sind moralische, nicht aber legalisierte Delikte. Wo sie aufgrund des Strafgesetzes und der »Staatsraison« »gefasst« werden sollen, da steht nur ein einziger Paragraph zur Verfügung, unter den man alles bringt, was man sonst nicht definieren und bezeichnen kann, der Paragraph wider den »groben Unfug«. »Grober Unfug« kann schließlich *alles* sein: Der Lärm eines Hundes so gut wie Unreinlichkeit; Ungebühr und Taktlosigkeit sowohl wie eine Theaterkritik; Straßenaufläufe, Exzesse ebensowohl wie publizistische Broschüren. Hier ist dem subjektiven Geschmack und Takt der Richter ein weiter Spielraum gegeben. Will man aber eine Klage gegen Lärm und störendes Geräusch *nicht* aufgrund dieses »groben Unfugparagraphen« erheben, so bleibt nur die Möglichkeit, aufgrund des bürgerlichen Gesetzbuches die Paragraphen zum Schutze des Eigentums oder auch die Paragraphen des Verwaltungsgesetzes, die einen Damm gegen »Immissionen« bilden, heranzuziehen. Dieses ist denn auch in der Tat der *übliche* Weg der Lärmklage. Sie wird nur in sehr seltenen Fällen aufgrund des Strafgesetzes angestrengt. Aber es hätte schließlich ebenso viel Sinn bei Schädigung von Gesundheit und Arbeitskraft auf »grobe Körperverletzung« oder »Realinjurie« zu klagen, als Belästigungen durch Geräusch als »Immission des Eigentums« auszudeuten und ins Sachrecht hineinzuschieben. Ich meine, dass sich die Abwehrklage gegen den Lärm in die bestehenden Paragraphen nur gequält eingliedert, und dass sich künftig nicht vermeiden lässt, sie einem besonderen »hygienischen« Paragraphen einzuverleiben, als eine der Spezifikationen, die aus dem vergänglichen Unfugparagraphen hervorgehen werden …

2.

Ein gewisser Schutz gegen Lärm scheint zunächst in dem bekannten § 360 Z. 11 des Strafgesetzbuches für das deutsche Reich und in der gleichartigen Vorschrift des § 340 Z. 9 des preußischen Strafgesetzbuches gegeben zu sein. An diesen Stellen nämlich wird derjenige, welcher ruhestörenden Lärm oder groben Unfug verübt, mit einer Geldstrafe bis zu 150 Mark bedroht. Es erhellt aber ohne Weiteres, dass dieses Strafmaß, das auch dem schlimmsten, boshaftesten Unfug gegenüber die Höhe von 150 Mark Geldbuße nicht überschreiten kann, viel zu gering ist, um einen wirksamen Rechtsschutz zu schaffen. Das erweisen die vielen infamen witzlosen Streiche, die fortwährend von Leuten aus der sogenannten gebildeten Gesellschaft rein aus Zerstörerlaune und eitel Willkür verübt werden, wie etwa falsche Alarmierung der Feuerwehren und Unfallstationen, Durchschneiden von Läutewerken oder Telegraphendrähten, Abgeben falscher Notsignale in der Eisenbahn und dergleichen mehr. – Alles das in dem nie getäuschten Vertrauen, dass der »Scherz« nicht mehr als höchstens 150 Mark kosten wird. – Hierzu kommt, dass Lärmen und Randalieren nur dann straffällig ist, wenn es ein *öffentliches*, von mehreren Zeugen bestätigtes Ärgernis gegeben hat, während die Ruhe des Einzelnen, ja auch der Frieden eines ganzen Hauses überhaupt nicht strafrechtlich geschützt wird. Aber auch in zahllosen Fällen, wo der Lärm eine öffentliche Kalamität geworden ist, steht der Rechtsschutz des verworren unklaren § 360, 11, welcher »Lärm und Unfug« zusammenschweißt nur auf dem Papier ... Wie grob, schwankend und willkürlich die Anwendung dieses jämmerlichen Übertretungsparagraphen ist, zeigen aufs Deutlichste einige Erläuterungen des Olshausen'schen Kommentares.[11] – Die Möglichkeit der Klage ist nach diesen Erläuterungen an eine Unsumme einschränkender, dehnbarer Begriffsbestimmungen gebunden. Es muss *erstens* festgestellt werden, ob der Lärm »ruhestörend« ist, d. h. ob auch vorsätzliche Verletzung oder Gefährdung der »öffentlichen Ordnung« vorliegt und nicht etwa nur »Fahrlässigkeit« und »Polizeidelikt«. Der*selbe* Nachweis ist nach der Entscheidung des preußischen Obertribunals auch für das Geltendmachen von § 340, 9 des preußischen Strafgesetzbuches erforderlich. – Leider aber streiten sich nun die Strafrechtslehrer auch um die Frage, ob eine tatsächliche Störung des Publikums durch den Lärm erfolgt sein müsse, oder ob »eine gegen die öffentliche Ordnung gerichtete Handlung, die vermöge ihrer Natur *geeignet* ist, das Publikum zu belästigen oder zu stören«, schon unter Strafantrag gestellt werden kann. Liegt aber kein tatsächlich allgemein anerkanntes, sondern nur »*mögli-*

11 Vergl. Bd. II, S. 1398 ff., T. II, Absch. 29 zu § 360 Nr. 11. Ich konnte leider nur nach der 3., statt der sehr erweiterten 7. Auflage zitieren.

ches Ärgernis« vor, so hängt es nur von den Richtern ab, ob sie eben *das selbe* als »Belästigung« anerkennen, was für mich und andere belästigend zu sein scheint … *Zweitens* muss auch festgestellt werden, dass der Lärm »vorsätzlich« verübt wurde. Wo z. B. eine bloß »fahrlässige Unterlassung« vorliegt (etwa die, »dass jemand seinen Hahn nicht am Krähen hindert« oder »seinen Hund nicht vom Bellen abhält«), da ist keine Klage aufgrund des Strafgesetzes möglich. Sie wäre *nur* möglich, wenn mein Gegner seinen Hahn *absichtlich* krähen lässt oder seinen Hund »zum Bellen animiert«. Dies kann ich ihm aber natürlich niemals nachweisen … *Drittens* muss die Erregung des Lärms »ungebührlichermaßen« erfolgen. »Ungebührlichermaßen« ist aber nicht gleichbedeutend mit »unbefugt«. Sondern es bezeichnet »die unnötig belästigende Überschreitung einer zustehenden Befugnis«. – *Was* nun aber »befugt« oder »unbefugt«; »gebührlich« oder »ungebührlich«; »nötig« oder »unnötig« *ist*, das soll hinwiederum von Fall zu Fall das Gericht entscheiden. So wurde in Berlin nach dem Pr.A.L.R.I., 8, § 27 ein Mann bestraft, der eine Maschine aufgestellt hatte, »mit der Absicht seine Nachbarn zu schikanieren«.[12] Ebenso konnte ein Gastwirt, der aufgrund der Gewerbe-Ordnung § 27 nächtliche Tanzmusik veranstaltete, gestraft werden, weil er diese Befugnis bewusst missbrauchte … Es muss nun aber *viertens* auch die ruhestörende Handlung als »vorsätzlich« nachgewiesen werden. Auch hierbei wird je-

12 Heute würde vermutlich, da § 27 L. R. seit 1900 nicht mehr gilt, der berühmte Schikaneparagraph (226 B. G.) herangezogen werden. Dazu Schadenersatz nach 823, 826.

doch von den Strafrechtlern darüber gestritten, ob es genügt, zu zeigen, dass der Täter sich *bewusst* ist, durch seine Handlungen andere Leute zu stören, oder ob diese *Störung* gewollt und eben als Störung gewollt sein muss. Es besteht mit anderen Worten die Frage, ob der Lärm als culpa oder als dolus strafbar sei. – Einige Autoritäten halten für genügend, dass der *Erfolg* dem Täter »zur Fahrlässigkeit zugerechnet werden könne«. Andere dagegen halten dafür, dass neben dem Bewusstsein der vorliegenden Ungebühr auch ausdrücklich eine »Vorsätzlichkeit« nachgewiesen werden muss. Die Begriffswelt dieser ganzen juristischen Streitigkeiten ist vollkommen typisch für die kindische, dilettantische Psychologie und primitive Rechtsphilosophie, aufgrund derer heute eben noch Recht gesprochen wird. Endlich ist man auch darüber nicht einig, ob wiederholtes Lärmen als eine oder als eine Mehrheit von Handlungen abzuurteilen sei. Vor allem hängt ein wahrer Rattenschwanz von Streitigkeiten der »Autoritäten« an dem Begriffe »grober Unfug«. Wo beginnt und endet die »Grobheit«? was ist »Unfug«? was »polizeiliche Ungebühr«? Wenn ein Fabrikarbeiter nachts Laternen demoliert, dann ist es »öffentlicher Unfug«, wenn es ein Bonner Borusse tut, dann wird er »in Ungebühr genommen«. Eine Reihe juristischer Kapazitäten betonen, dass der Zweck von Ziff. 11 nicht darin gesucht werden dürfe, »dass sie überall Aushilfe gewährt, wo eine mit der öffentlichen Ordnung nicht verträgliche Erscheinung in irgendeinen Kausalzusammenhang mit menschlicher Tätigkeit gebracht werden kann, ohne dass ein spezieller Tatbestand einer strafbaren Handlung sich konstruieren lässt«. Dies würde ja dem Grundsatz widersprechen: »Wo kein Gesetz vorliegt, da gibt es kein Vergehen.« – Wir ersehen aus alle diesem, dass das Zusammenwerfen des Lärms mit dem »groben Unfug« in derselben Paragraphennummer (die ursprünglich nichts als die »öffentliche Ruhestörung« treffen sollte), zu dem widerwärtigsten Kuddelmuddel geführt hat! Alle Handbücher des Strafrechts sind angefüllt mit Erörterungen über »das Wesen des groben Unfugs«. – Einer besonderen Popularität erfreut sich dabei die Frage, ob es auch einen »Unfug durch die Presse« gäbe, (denn auch das »straffällige Pressedelikt« fällt – (sehr bezeichnend!) – unter dieselbe Ziffer, die den Lärm mit 150 Mark Geldbuße bedroht). Ein Teil der Strafrechtslehrer verneint schlechtweg, dass es anderen »groben Unfug« gäbe als durch physisch lästig fallende Handlungen.[13] Gleichwohl ergehen notgedrungen tagtäglich Verurteilungen aufgrund des § 360, 11, z. B. gegen Verbreiter falscher Gerüchte, schwindelhafter Inserate, mystifizierender Alarme. (Und ich wüsste in der Tat nicht, *wie* man diese Leute fassen will.) – *Liszt* insbesondere hat den groben Unfugparagraphen so *eng* ausgelegt, dass nur Handlungen darunterfallen, die direkt und unmittelbar-physisch die *Sinne* (d. h. »Geruch, Gehör oder Gefühl« [sic!]) verletzen. Damit bietet der Paragraph denn überhaupt keine Handhabe, etwa auch Pressschwindler, Pressverbrecher, Mystifikatoren belangen zu können. – Dass dies aber praktisch *nötig* ist, wird kein gerecht Denkender bezweifeln. Auch die ganz willkürliche Bestimmung, ob Unfug oder Lärm »fahrlässig« oder aber »vorsätzlich« sei, hat sich in der Praxis noch nie durchführen lassen. – Bei einer Ver-

13 Z. B. Bar, Frank, Liszt, H. Meyer.

handlung vor einem sächsischen Gericht wurde entschieden, dass ein Bursche, der auf der Straße mit einem cri-cri Lärm vollführte, nicht strafbar sei. Es lasse sich kein »eventueller Dolus« erweisen; man müsse vielmehr annehmen, dass der Bursche »an die Wirkung des Lärms nicht gedacht habe«. Dagegen entschied ein bayrischer Gerichtshof, aufgrund ganz *derselben* Ziffer, dass ein Mann bestraft wurde, der seinen Hund auf dem Spaziergang nicht an die Leine nahm, denn ein dolus eventualis liege vor, »weil der Mann ja wissen musste, dass der Hund den Verkehr stören werde«.

Ceterum censeo: § 360, 11 ist willkürlich, unbestimmt, praktisch unbrauchbar. Mit den Begriffen »grober Unfug« und »dolus eventualis« verleitet er zu traurigstem Unrecht. Gegen *Lärm* aber bietet er überhaupt keine Handhabe, oder nur eine so schwache, dass ich jeden warne, aufgrund des Strafgesetzes zu klagen.

3.
Bürgerl. Gesetz § 906 und 907

Eine allerliebste Erheiterung bietet eine psychologische Entdeckung des deutschen Reichsgerichts. Eine Entdeckung, dank deren der schwache Rechtsschutz, den § 906 und 907 des bürgerlichen Gesetzbuches in einzelnen Fällen geleistet haben, schließlich *völlig* totgeschlagen werden kann. – Es ist die richterliche Erfindung des »normalen Durchschnittsmenschen«. – Diese unbezahlbare Verlegenheitsinstanz muss vor dem deutschen Reichsgericht überall herhalten, wo man das Manko der Gesetzgebung und die traurige Unzulänglichkeit des juristischen Begriffs der »sachlichen Immission« gegenüber hygienischen und physiologischen Schädigungen, noch nicht einsehen und eingestehen will.

***

Dies erweist z. B. eine (Jurist. Wochenschrift 1904, S. 143, abgedruckte) Letztentscheidung des Reichsgerichts in einem vor dem Landgericht Colmar in zweiter Instanz geführten Prozesse. – Eine Hausbesitzerin führt Klage gegen einen benachbarten Bierbrauer, der auf seinem Grundstück eine Eismaschine aufstellt. Sie weist nach, dass sie durch den Lärm dieser Maschine nervenkrank geworden sei, schließlich aber gezwungen wurde, ihr für sie entwertetes Haus zu verkaufen. Sie klagt auf Entfernung der Tag und Nacht arbeitenden Maschine oder aber auf Schadenersatz. Die Klage wird in der Berufungsinstanz abgelehnt, die Revision zurückgewiesen. In der Begründung berufen sich die Gerichte, einschließlich Reichsgericht, auf den im Entwurf zu B.G.B. Bd. 3, S. 267, ausgesprochenen Grundsatz, dass »das Maß des Erlaubten nicht von wechselnden persönlichen Verhältnissen abhängig gemacht werden dürfe«. Eine »nervenkranke Dame« könne daher nicht für die Anwendung des § 906/907 kompetent werden. – Dieser »Grundsatz« ist nun aber nichts als eine dehnbare Phrase. Die Zurückweisung der »nervenkranken Dame« als Klägerin ist schließlich geradezu eine rechtliche Verunrechtung. Denn wäre die Frau *nicht* nervenkrank *geworden*, so hätte sie ja den *Schutz* des Gesetzbuches gar nicht nötig. Man definiert hier eben einfach den Menschen als »normal«, der den gegebenen Lärm erträgt; weist aber den, der ihn *nicht* erträgt ab, mit der Motivation, dass er anormal sei oder anormal *geworden* sei ... Ganz der nämliche Rechtskonflikt kam auch bei einem Rechtsfalle zum Austrag, der ebenfalls durch alle Instanzen bis zum Reichsgericht durchgefochten und zuletzt mit der Berufung auf den »normalen Durchschnittsmenschen« totgeschlagen wurde.[14] In diesem Fall wurde ebenfalls gegen das Geräusch einer Maschine geklagt. Ein alter Arzt, der als Sachverständiger zugezogen wurde, sagt aus, dass nach seiner ein Menschenalter umfassenden Erfahrung mindestens ein Viertel der erwachsenen Bevölkerung in der Stadt Dortmund als »nervös« und nicht »normal« zu bezeichnen sei, insofern sie bei dem in Rede stehenden Maschinengeräusch nicht würde schlafen können. Die Klage wird *dennoch* abgewiesen. Das Reichsgericht entscheidet, dass Bedürfnisse *nervöser* Personen nicht zu berücksichtigen seien. Da sich nun aber der Kläger dagegen sträubt, als »nervöse Person« zu gelten, so beruft sich das Gericht schließlich auf die Tatsache, dass er bei offenem Fenster zu schlafen gewohnt sei, was ebenfalls als etwas *nicht* Normales zu bezeichnen sei. – Eine herrliche Rechtsentscheidung! Einen Rechtsanspruch auf den § 906 haben somit also nur »normale Durchschnittsmenschen, die hinter geschlossenen Fenstern schlafen!« Das deutsche Reichsgericht hat bei dieser unsterblichen Entscheidung (vom 30. April 1904, 126/04 V) offenbar allzu ausschließlich an den deutschen Juristen der Gegenwart gedacht. – »Normale Durchschnittsmenschen, die hinter geschlossenen Fenstern schlafen!«

14 *Juristische Wochenschrift* XXXIII, S. 384, Ziff. 6.

4.
Die »Ortsüblichkeit« (§ 906)

Wenn der Begriff des »normalen *Durchschnittsmenschen*«, heller Unsinn ist, so ist der *zweite* Begriff, auf den sich die Anwendung des § 906 bezieht, der Begriff der »Ortsüblichkeit« *noch* alberner. – In diesem Begriffe laufen nämlich verschiedene Definitionen durcheinander. Man denkt bei dem Worte »Ortsüblichkeit« einmal an: »Zum Wesen der Sache gehörig.« – Man denkt ein anderes Mal an die »gewohnheitsmäßige Gepflogenheit der betreffenden Örtlichkeit«. Dies zeigt z. B. eine urkomische Verhandlung vor Stuttgarter Gerichten, die vor dem Reichsgericht schließlich zum Austrag kam.[15] Hier klagt jemand, weil sein Grundstück durch den nächtlichen Lärm einer Kegelbahn entwertet werde. In den Urteilsbegründungen kommt die volle Ratlosigkeit der Richter zum Ausdruck. Zunächst wird die Klage abgewiesen mit der Begründung, dass das betreffende Haus in einem Stadtteil liege, wo die Anlage von Kegelbahnen durchaus »ortsüblich« sei. Dies zeige sich daran, dass sich in dem Stadtteil noch drei *andere* Kegelbahnen befänden. Dagegen macht die Berufungsinstanz jedoch geltend, dass diese Auslegung des Begriffs der Ortsüblichkeit ganz verkehrt sei. Die »Ortsüblichkeit im allgemeinen« käme nur dann in Betracht, wenn gesagt werden könne, dass in der *ganzen* Stadt oder wenigstens in dem ganzen betreffenden Stadtteil die Benutzung der Grundstücke zur Anlage von Kegelbahnen »die gewöhnliche« sei. Dies aber sei ja doch in Stuttgart nicht der Fall. – Zuguterletzt aber entscheidet

15 *Juristische Wochenschrift* XXXIII, S. 175.

das Reichsgericht die Sache sozusagen in der Negative: »Eine Ortsunzulässigkeit ist *dann* als gegeben zu erachten, wenn das betreffende Viertel, wo sich die Kegelbahn befindet, ein ›herrschaftliches Villenviertel ist‹«. (Also ein Viertel, wo *reiche* Leute wohnen, die ohnehin weniger hygienischen Rechtsschutz *nötig* haben). Dieses alles ist natürlich heiterster Juristenunsinn. Denn was kann aus diesem Entscheide folgen? Doch wohl nur, dass dort wo *eine* Kegelbahn lärmt, auch 27 Kegelbahnen lärmen dürfen, wo aber bisher noch kein Gastwirt Konzessionen erhielt, da soll auch künftig keiner Konzessionen erhalten.

5. Präjudize zu 903, 906, B.G.B.

Ein wahres Unikum ist ein Präjudiz des IV. Senats des sächsischen Oberlandesgerichts aus dem Jahre 1903.[16] Ein Grundstückbesitzer in Laubegast bei Dresden klagt aufgrund B.G.B. § 903, 906 gegen eine Kinderbewahranstalt, die neben seinem Hause einen Kinderspielplatz mit Sandhaufen anlegte. Die Mieter seines Hauses seien durch Lärm und Staub zum Auswandern gezwungen; die Wohnungen entwertet. Die Abweisung der Klage (auch im Instanzenwege) gründet sich auf die Erwägung, dass die Benutzung des Kinderspielplatzes »nach den örtlichen Verhältnissen bei Grundstücken dieser Lage *nicht ungewöhnlich* und der Lärm und Staub nicht schlimmer sei, als *gewöhnlich* auf Kinderspielplätzen der

16 Abgedruckt in den Annalen des kgl. sächs. Oberlandesgerichts Bd. 25, S. 515–518.

Fall zu sein pflege«. – Es werden eine Reihe Zeugen vernommen, die darüber aussagen müssen, ob der Lärm »erträglich« gewesen sei. Einer sagt aus, er sei »unerträglich« gewesen. Drei andere aber bezeugen, »dass er nicht schlimmer war, als die Lage des Grundstücks mit sich brachte«. Die Privata, Auguste, verwitwete G. aber bekundet sogar, dass sie sich über den Lärm *gefreut* habe, »weil er nicht so klang, wie ungezogene, trotzige oder schmerzempfindende, sondern wie vergnügte und fröhliche Kinder zu lärmen pflegen«. Was die Klage über den Staub betrifft, so wird sie abgewiesen, »weil die Mieter weniger wegen des Staubes als wegen des Lärms gekündigt haben, die Klage gegen den Lärm aber ja bereits abgewiesen sei«. – Mit diesen Deduktionen werden Berge überflüssigen Papiers verschrieben …

***

Eine Unsumme nicht minder uferloser Debatten bietet eine Verhandlung, die vor dem Landgericht München I, vor dem Münchener Oberlandesgericht und schließlich vor dem Zivilsenat des Reichsgerichts geführt worden ist. Die vage Unmöglichkeit des Begriffs der »Ortsüblichkeit« im § 906 B.G.B. und § 26 der Gewerbeordnung könnte nicht besser als durch die Entscheidung der obersten Instanz illustriert werden, die alle früher in der Angelegenheit ergangenen Urteile wieder aufhebt.[17] – Zu München, in der Nymphenbur-

17 Abgedruckt in den *Entscheidungen des Reichsgerichtes in Zivilsachen* Bd. 57, S. 224–231.

gerstraße, befindet sich ein Trambahndepot. Die Anwohner werden von morgens 4 Uhr bis nachts 1 Uhr durch Lärm schikaniert. Und zwar (im lieblichen Juristendeutsch gesprochen) 1. durch Manipulationen, wie a) Rangieren auf der Schiebebühne, b) Wegwerfen eiserner Hebel, c) Reinigen der Wägen, d) Umwerfen von Rücklehnen, e) Entfernen von Holztrittbrettern; 2. durch rasches Aus- und Einfahren der Wägen resp. schnelles Passieren der Wechsel; 3. durch häufige Glockensignale. – Bei der Klage der Anwohner dieses angenehmen Depots wird nun von verschiedenen Gerichtshöfen vor allem darüber Erhebung gepflogen, ob der Lärm »ortsüblich« sei oder nicht. Dabei aber laufen den Richtern zwei ganz verschiedene Gesichtspunkte wirr durcheinander. Sie denken bei dem Begriffe »Ortsüblichkeit« zunächst an so etwas wie »Wesenszugehörigkeit«, d. h. sie verhandeln darüber, ob all dieser Lärm zum *»Wesen«* eines Trambahndepots gehöre oder ob er auch eventuell »vermeidbar« sei. Denn ein unvermeidbares, allgemeines Übel ist nach altem Rechtsgrundsatz nicht klagbar. – Zweitens aber dachte man bei dem Begriffe »Ortsüblichkeit« daran, ob man an der betreffenden Lokalität, also in der betreffenden Gegend Münchens, solchen Lärm *»gewohnt«* sei und *»erwarten«* dürfe. Man forschte insbesondere danach, ob eine sog. »Prävention des Lärmes« bestanden habe, d. h. ob etwa seit alters an der betreffenden Stelle *immer* gelärmt worden ist, sodass die sich dort ansiedelnden Leute den Lärm »eben mit in den Kauf nehmen müssen«. Beide Gesichtspunkte laufen den Richtern des bayerischen Landgerichts wie des Oberlandesgerichts durcheinander … Eine Unmöglichkeit, gegen Lärm zu klagen, liegt nach

Entscheidung des Reichsgerichts vor, wenn das Stadtviertel, in dem der Lärm stattfindet, »schon seit längerer Zeit als Fabrikviertel bekannt ist«. Die Klage gegen das Straßenbahndepot wird demgemäß auch hier abgewiesen mit der Begründung, dass an derselben Stelle sich schon lange Zeit ein Depot befunden *habe*. Dies bestätigt das Reichsgericht. – Alle diese Präventionsbestimmungen sind natürlich unwägbar und unsäglich unbestimmt. – Gesetzt etwa, ein altes Pferdebahndepot befindet sich viele Jahre an derselben Stelle. Plötzlich wird der alte Betrieb eingestellt und dafür der elektrische Betrieb eingeführt. Der Grundsatz der Prävention ist somit gewahrt. Aber für die neu in das Viertel Einziehenden ist gleichwohl eine *andere* Konstellation als die früher bestehende gegeben. Der Lärm ist verzehnfacht. Die Wohnungen verlieren an Wert. Ihre Besitzer aber konnten diese Umwandlungen nicht voraussehen. Will man sich nun gleich dem Münchener Oberlandesgericht auf »Ortsüblichkeit« berufen? Will man ihre Klage für unberechtigt erklären? Dann kann natürlich etwas Ähnliches bei jeder »Ortsüblichkeit« zu erwarten stehn. Jeder Fabrikant, der für eine genehmigungspflichtige Anlage Niederlassungsrechte erworben hat, kann täglich zu neueren Verfahren und anderen Maschinen übergehen. Damit aber kann er den ganzen Charakter seiner Anlage ändern. – Diese Erwägung zeigt also, dass bei Kollisionen der Rechte benachbarter Eigentümer der Grundsatz der *Prävention nicht* herangezogen werden darf. Wenn ich z. B. ein Grundstück kaufen will, ein anderer aber, der das weiß, kommt mir mit der Erwerbung eines Nachbargrundstücks zuvor, auf dem er, noch *ehe* mein Kauf perfekt ist, einen »lärmzuführenden Betrieb« anlegt, soll ich da etwa des Schutzes von § 903 verlustig gehen, wonach ich jeden andern unbeschränkt von der Einwirkung auf meine Sache ausschließen darf? Muss ich die Immission dulden, wenn man mir nachweisen kann, dass, bevor eben *ich* an dieser Stelle mich niederließ, die mich schädigende Einwirkung schon *früher* bestanden hat, ohne dass andere Leute sich geschädigt fühlten? Dann gäbe es eben überhaupt keinen Schutz gegen Immissionen. Dann könnte jeder auf seinem »Eigentum« so viel lärmen, skandalieren und Gestank vollführen, wie er will. Er könnte sich darauf berufen, dass das schon immer so gewesen sei und dass mein Vorgänger, der mit ihm befreundete Schlächtermeister X. sich nie darüber beklagt habe. Eben um dieser »faulen Ausrede« willen verfügte das Gesetz, dass der gegenwärtig gegebene Zustand, nicht aber was *früher* beliebt und historisch gepflogen ist, entscheiden solle. Gegen diese Rechtsverfügung verstößt das deutsche Reichsgericht. Es verstößt dagegen, wenn es Klagen auf Immissionen mit der Begründung ablehnt, dass die den Kläger beeinträchtigenden Anlagen, z. B. die Anlage einer Fabrik, eines Trambahndepots, einer Eisenbahn sich »naturgemäß entwickelt« haben. Damit wird das Klagerecht gar nicht geprüft, sondern abgeschnitten, denn wo immer Störungen auftreten, da haben sie sich selbstverständlich auch »naturgemäß entwickelt«.[18]

18 Hierzu *Turnau* und *Förster*, Liegenschaftsrecht Bd. 1, S. 285, Bem. 3, Abs. 2. *Gruchot*, Beiträge Bd. 25, S. 960, Bd. 2, S. 905. *Seuffert*, Archiv Bd. 46, S. 390. *Brassert*, Z. Bergr. 42, 332.

6.
Gewerbeordnung § 26

Wir wollen nunmehr sehen, welche Handhaben neben Strafrecht und Zivilrecht schließlich das Verwaltungsrecht im Kampfe wider den Lärm zu bieten hat. Ich kann aufgrund des § 26 eine *doppelte* Klage gegen die Lärmstörung einleiten. – Einmal die Herstellungsklage, sodann die Entschädigungsklage. Das heißt einmal die im Eigentumsrecht wurzelnde »dingliche Störungsklage«, die sog. Actio negatoria; sodann die ungleich erfolgreichere »deliktische Schadenersatzklage«. Für die erste kommen folgende §§ des B.G.B in Betracht: 1004, 1011, 1017, 1027, 1065, 1134, 862; für die zweite der § 823. – Gesetzt nun, ich erhebe den »negatorischen Einspruch« nach § 1004, so heißt das, dass ich die Herstellung von Einrichtungen fordere, die mich gegen Benachteiligung durch Lärm und Geräusch beschützen. Werde ich mit dieser Forderung abgewiesen, dann kann ich immer noch die in der Regel günstigere Klage auf Schadloshaltung für die von mir nachgewiesene Benachteiligung zu führen versuchen ... Hierbei kommt jedoch eine wahrhaft teuflische Ironie des bürgerlichen Rechtes zutage. Die Gesetze beschützen und sichern das »Eigentum«. Sie bestrafen in allen Ländern den Diebstahl weit strenger als die Körperverletzung, das Eigentumsdelikt grausamer als die Ehrenkränkung. Sie beschützen die Habenden, die Possessores, aber sie kennen keine Schädigung, die sich nicht auf Schädigung an Geld und Gut zurückführen lässt. Eine Klage wider Lärm und Geräusch kann somit nur dann geführt werden, wenn ich eine bezifferbare Vermögensbeschädigung geltend machen kann; eine Klage wider Immissionen, die meinen »Erwerb« nicht schädigen, würde als »unwesentlich« im Sinne des § 906 zurückgewiesen werden.

Hierzu kommt folgendes unsägliche psychologische Moment: eine Klage nach § 1004 kann nur dann geführt werden, wenn »eine Beeinträchtigung unmittelbar durch die Sinne, nicht aber, wenn sie nur vermittelst des Denkvermögens empfunden wird«. Daher kann ich gegen *nicht* substantielle Immissionen (z. B. gegen einen benachbarten Bordellbetrieb) aufgrund der Negatoria *keine* Klage führen ... Gesetzt nun, ich reiche gegen sinnfälligen Lärm eine Immissionsklage ein, was wird dann geschehen? Es wird zunächst (bei Klage nach § 26 der Gewerbeordnung) eine Kommission an Ort und Stelle erscheinen. Ein Verwaltungsbeamter prüft nach, ob der Lärm, der *meinem* Gehirn angeblich die Arbeit erschwert, auch *seinem* Gehirn das Denken unmöglich machen würde (was aber in der Regel *nicht* der Fall sein wird). Eventuell kann auch ein medizinischer »Sachverständiger« vom Gericht beauftragt werden, nachzuprüfen, ob das, was mir in die Nase duftet, auch in dem zufälligen Zeitpunkt seines Erscheinens *ihm* in die Nase duftet, oder ob die grelle Lichtwahrnehmung, die mein Auge schädigt, auch *ihm* schädlich erscheine. Konstatiert der medizinische »Sachverständige«, dass die »Einwirkungen auf die Sinne« sich wohl »aushalten lassen«, dann ist eine Immissionsklage im Zivilrechtswege überhaupt nicht mehr möglich, denn die Verwaltungsbehörde hat die Macht, nach 19 Abs. 2 und 17, bereits die Klage*möglichkeit* niederzuschlagen ... Zudem aber liefert die Gewerbeordnung dem vexatorischen Nachbar eine ganze Reihe anderer Handhaben; sie bietet ihm einen Schutz gegen die *Klage* auf Lärm, nicht aber mir

Schutz gegen seinen *Lärm*. – Der Immittent ist z. B. nicht verpflichtet, mir oder meinen Vertretern Zugang oder Einblick in seinen meine Nervenruhe störenden Gewerbebetrieb zu gestatten. Er kann ferner selbst dann, wenn ein Zivilgericht auf Abstellung einer das Nachbargrundstück schädigenden Anlage erkennen sollte, nochmals den indirekten Einspruch der Verwaltungsbehörde anrufen, die jeder Veränderung im Betriebe seiner Anlage ihre Genehmigung verweigern kann. Da er nicht auf Herstellung *konkret* bezeichneter Schutzmaßregeln verurteilt werden *kann*,[19] sondern nur dazu, »exzessive Immissionen im Sinne von § 906 künftig zu unterlassen«, so kann der Exequend insbesondere *die* Ausrede gebrauchen, dass sich sein ganzer Betrieb inzwischen vergrößert oder verändert habe, sodass es sich nun *nicht* mehr um »exzessive«, sondern um »erlaubte« Immissionen handle, worauf die ganze Klage und Untersuchung wieder von Neuem losgehen müsste. – In der Regel gelangen daher diese Immissionsklagen *nie* zu einem Abschluss. Mir ist sogar ein epineuser Streitfall bekannt geworden, in dem ein auf dem Lande lebender Privatmann die dingliche Störungsklage gegen eine benachbarte chemische Fabrik führte, deren Einrede nach 906 abgewiesen und für die eine Betriebsabänderung verfügt wurde, worauf dann die dem Kläger übelgesinnte Verwaltungsbehörde dem Fabrikanten zu ungunsten des Klägers eine Konzession zu dem von der Zivilbehörde verfügten »abgeänderten Verfahren« versagte, wonach – alles beim Alten blieb.[20]

19 R. G. 36, Nr. 42.

***

Gegenüber diesen Erschwerungen der Klage nach § 26 G.O. verschlägt es nur wenig, dass die Gewerbeordnung im Gegensatz zur Zivilklage nach dem bürgerl. Gesetzbuch nicht nach dem »Verschuldungsprinzip«, sondern nach dem »Veranlassungsprinzipe« verfährt. Das heißt: bei einer Lärmklage aufgrund der Gewerbeordnung wird nicht nachgeprüft, ob der schädigende Eingriff in mein Rechtsbereich irgendein positives »Verschulden« des Lärmmachers in sich schließe, sondern nur, ob eine Schädigung und damit eine Verpflichtung zum Schadenersatz *de facto* vorliegt ... Es liegt hier in der Tat ein sehr gewichtiger *ethischer* Unterschied zwischen Gewerbegesetz und Zivilgesetzgebung vor. Nur ganz ausnahmsweise knüpft das weit modernere bürgerliche Gesetz an »unverschuldete« Schadenszufügung eine Ersatzpflicht. Eben darum aber ist die Lärmklage nach § 906, 907 so vollkommen aussichtslos und unnütz. – Eine *Einsicht* in die Schädigung, geschweige denn ein *Wille* zur Schädigung wird ja in all dem ganz natürlichen Gelärme rücksichtsloser, grober, unerzogener Menschen wohl fast niemals nachzuweisen sein. Sie lärmen und leben eben *naiv* ...

20 Hierzu *Gallenkamp*, »Der privatrechtliche Inhalt der §§ 17, 19 und 26 der Gew.O.«, *Sächs. Archiv f. bürgerl. Recht* Bd. 1, 1891, S. 705–731. – *Gallenkamp* führte aus, dass die Verfügung *einer* Instanz, entweder der Verwaltungsbehörde oder des Gerichts genüge, um das Bestehen genehmigungspflichtiger Anlagen zu hindern. Wir sehen in der Praxis, dass die Verwaltungsbehörde genug Wege besitzt, um sich über privatrechtliche Verfügungen hinwegzusetzen.

Selbst dann nun aber, wenn ich meinem Schädiger eine gewisse »Bewusstheit der Schadenszufügung« nachweisen *könnte*, so böte ihm, in der Vorinstanz wie in der Vollstreckungsinstanz, das bürgerliche Gesetzbuch genug Handhaben, um der Verurteilung nach § 906 zu entgehen. Er kann sich auf Selbsthilfe, gesetzliche Befugnis, gewerbliche Konzessionen berufen. Viele Paragraphen lassen sich zu seinen Gunsten wenden, zumal 906, dann 907–923; ferner 229–231, auch 227, 228 usw. Zur Not wird er den Einwand des eigenen Verschuldens nach § 254 vorbringen können. Er wird sagen, dass ich bei der von der Verwaltungsbehörde nach § 17 G.O. in dem der Konzessionserteilung vorangehenden Administrationsverfahren, zur öffentlichen Kenntnis gebrachten *Genehmigung* der »lärmzuführenden Anlage« auf einen mir drohenden Schaden ja »rechtzeitig aufmerksam gemacht worden sei«; damals aber sei kein Einspruch von mir oder sonst wem erhoben worden. Schließlich vermag er auch die nach § 906 versuchte Klage auf § 826, »illoyale Schadenszufügung« überzuwälzen, wonach er, da ihm keine Schikane« nachweisbar ist, kaum verurteilt werden *kann*. Kurz, die dingliche Störungsklage wider den Lärm ist so gut wie vollkommen aussichtslos …

7.

Wie aber steht es mit einer »deliktischen Schadenersatzklage«? Auch hierbei wird in der Regel gar nichts herauskommen! Man braucht nur die in der juristischen Literatur vorliegenden Erläuterungen zu § 26 G.O. durchzusehen, um sicher zu wissen, dass man mit einem so subtilen, ungewohnten Klagegegenstand, wie es die Schädigung durch Lärm ist, nichts als ein mitleidiges Achselzucken oder ein Lächeln der Schadenfreude vonseiten der Richter einernten wird. Da heißt es z. B.: »Der Beschuldigte ist ausschließlich verpflichtet, solche Handlungen vorzunehmen, die von jedem vernünftigen und redlichen Menschen zum Schutze des eigenen oder fremden Lebens, Gesundheit oder unter Umständen auch wertvoller Güter in der gegebenen Lage nach den gewöhnlichen und gesunden Verkehrsanschauungen erwartet werden«.[21] So viele Worte, so viele Phrase!! Man sage nur klipp und klar, ob die normale Arbeitskraft meines Gehirns für Deutschland ein minder wertvolles Gut ist als die Saugpumpe im Hofe eines Schnapsbrenners. Man sage mir, wie denn »gewöhnliche und gesunde Verkehrsanschauungen« eigentlich aussehen, wie der »vernünftige und redliche Mensch« eigentlich beschaffen ist. Auch sollte man doch bedenken, dass das, womit der Mensch »fremdes« Leben vernichtet, nahezu *immer* zur Hebung seines eigenen Lebens unternommen wird …

Bei jeder Klage nach § 26, die voraussetzt, dass dem Immittenten die gewerbepolizeiliche Konzession zur Seite steht, ist von besonderer Wichtigkeit dieses, dass ich nur auf zweierlei einklagen kann: 1. auf Herstellung von Einrichtungen, die den Lärm mildern, 2. auf Schadloshaltung für den durch Lärm erlittenen Schaden. Dahingegen kann ich nicht auf »Einstellung des lärmenden Betriebes« klagen. Eben dieser Umstand, dass die »Klage auf Unterlassung« im modernen Rechte *beseitigt* ist und durch die Klage auf »Herstellung

21 Hierzu 823 B.G.B.; § 303 ff., St.G.B; auch 826 B.G.B.

praktikabler Einrichtungen« ersetzt wurde, stellt einen tiefen Eingriff in das Eigentumsrecht dar. Der lärmende Immittent wird auch im Falle der Verurteilung lediglich verpflichtet, »tunliche Schutzvorrichtungen« durchzuführen. Mir, dem *Kläger* aber, wird anheimgegeben, solche Vorrichtungen ausfindig zu machen, die mich vor dem Lärm schützen, ohne doch meinem Gegner irgendwie wehe zu tun. Jeder meiner Vorschläge kann aber durch einen von meinem Gegner hinzugezogenen »Fachmann« abgelehnt werden. So wird denn selbst mit der *Verurteilung* zu praktikabeln Einrichtungen nach § 26 G.O. praktisch *gar nichts* erreicht sein[22] ...

***

Wofern nun die »praktikablen Einrichtungen« sämtlich »untunlich« befunden werden, so kann ich freilich zu der zweiten Forderung auf »Entschädigung« übergehen, ohne dass dem Gegner der Einspruch der Klageänderung zusteht. Nunmehr aber kann der Gegner zunächst mit Erfolg nur für die »pro futuro zu erwartenden« Schädigungen mir einen Ersatz *einräumen*; in diesem Fall ist er *nicht* verpflichtet, für den *vor* Erhebung der Lärmklage erlittenen Schaden irgendwie aufzukommen.[23] Da nun gerade bei Lärm die »Nachweisbarkeit künftiger Vermögensbeschädigung« nicht *möglich* ist, andererseits die Klage auf »praktikable Einrich-

22 *Hörle*, Verwaltungsarchiv 1902, S. 386.
23 *Rocholl*, Rechtsfälle aus der Praxis des Reichsgerichts 2, S. 379 ff. Dazu: Seuff. A. 60, Nr. 218.

tungen«, wie wir gesehen haben, faktisch ohne Erfolg bleibt, so bietet die Gewerbeordnung überhaupt keinen Rechtsschutz wider den Lärm. Was auf dem Papier der Gesetzbücher steht, ist demgegenüber ganz belanglos. Das ist nur die Rechts*kulisse*. Die nackte Wahrheit ist unsere absolute Ohnmacht und Schutzlosigkeit gegen den Lärm. Es ist somit schließlich unter allen Umständen nur unweise, gegen ihn Klage zu erheben. Denn: ubi nihil vales, ibi nihil velis …

8.
Negatoria und Inhibierungsklage

Eine wesentliche Abänderung erfährt die Lärmklage, wenn es sich nicht um einen der durch die *Gewerbe*ordnung konzessionierten lärmenden Betriebe handelt. In *diesem* Falle kann ich mich nicht auf § 26 G.O. beziehen; aber ich kann die bereits erwähnten Klagen nach § 906 oder nach § 823 zu führen versuchen; zugleich aber habe ich in diesem Falle auch die Möglichkeit, nach § 907 auf *Inhibierung* zu klagen … Mit anderen Worten: Ich kann, wofern ich nicht auf die *Gewerbe*ordnung mich zu beziehen *brauche*, gegen den Lärm im Zivilprozess vorgehen: 1. durch Herstellungsklage, 2. durch Leistungsklage, 3. durch Inhibierungsklage. – Ich fordere dann also, dass entweder Schutzvorrichtungen wider den Lärm getroffen werden (§ 906), oder dass man mich für erlittenen Schaden schadlos hält (§ 823), oder dass der lärmende Betrieb *vollständig* inhibiert werde (§ 907). Diese letztere Forderung ist, wie wir sahen, bei einem gewerbepolizeilich konzessionierten Betriebe *nicht* möglich, wenigstens dann nicht, wenn die von den Verwaltungsbehörden vorgesehene Präklusivfrist (G.O. § 17) ohne

Klagestellung einmal verstrichen ist. Endlich aber steht mir auch bei einer Lärmklage aufgrund des Sachenrechtes die berühmte actio negatoria, der § 1004 B.G.B, hilfreich zur Seite ... Indessen dieses alles sind Truggebilde, sind ganz leere Hoffnungen. Auch alle *diese* Paragraphen werden mich in der Regel vollständig *schutzlos* lassen. – Man sollte freilich annehmen, dass wenigstens die Klage aufgrund des bloßen Einspruchparagraphen (907) irgendwelchen Erfolg hätte, da mit ihr keinerlei Absicht auf Schadenersatz oder Bestrafung verbunden ist, sondern lediglich die Abstellung einer mein »Eigentum« schädigenden Einrichtung ambiert wird. Aber hier hängt eben alles an der beschränkten Fassung des juristischen Begriffes vom »Eigentum«. Man wird mich nur *dann* zur Klage zulassen, wenn ich ein im Grundbuch eingetragener Hausbesitzer bin, »dem aus der Zuführung von Geräuschen eine *dauernde* Schädigung erwächst«. Damit ist die Klasse von Menschen, deren Gesundheit gegen *Lärm* geschützt wird, von vornherein eng umgrenzt, es sind nur die »Eigentümer«. Der Begriff »Eigentum« aber, der im Lauf der Generationen eine merkwürdige psychologische Umwandlung erfährt, wird in der Rechtsprechung heute noch so plump gefasst, dass alles vom »Eigentum« ausgeschlossen bleibt, was ein Land- oder Amtsrichter nicht tasten, sehen, riechen und schmecken kann. Meine Geisteskraft, meine Gesundheit, der Schlaf meiner Nächte ist ja auch »Eigentum«, aber dies alles wird nicht als Eigentum geschätzt und anerkannt. Eine reale Sachbeschädigung dagegen, eine Entwertung des Besitzes durch benachbarte Dunggruben, Aborte, Häute- oder Knochenlager, Schweineställe, Schlächtereien, Färbereien, Ziegelöfen usw. ist in zahlreichen Fällen nach 1004 und 907 *klag-*

bar, einfach darum, weil ich den zugefügten Schaden in Geld oder Geldeswert dem Gerichte ad occulos *demonstrieren* kann. Bei dem aber, was ich »hygienische Delikte« nannte, ist das ja *nicht* möglich. Ich kann mich nicht vor Gericht darauf berufen, dass mein Gehirn herabgedrückt werde, dass meine Nervenzellen überlastet sind, dass sich meine geistige Arbeit verschlechtere, ja dass meine ganze individuelle »Eigentümlichkeit« vernichtet werde. Und doch liegt hier eine »Eigentumssphäre«, die unvergleichlich wichtiger und des rechtlichen Schutzes *bedürftiger* ist als irgendein Geldschrank und irgendeine Aktionärskasse. Hier offenbart sich noch die ganze Plumpheit des gegenwärtigen juristischen Eigentums- oder Sachbegriffes. Das geltende Recht wird zum Beschützer des gröbsten *Besitzes.* – Wenn es etwa einem Milliardär einfiele, sämtliche Bilder Zurbarans aus ihren verborgenen Bergklöstern aufzukaufen oder die gesamte geistige Hinterlassenschaft Moreaus an sich zu bringen, um diese unschätzbaren Kulturwerte dem Menschengeschlecht vorzuenthalten oder gar, um sie zu verbrennen, so würde das »Recht« vollkommen auf seiner Seite stehen. Das aber sähe man nicht, dass durch diesen *Schutz* des »Eigentums« eine weit tiefere und wichtigere Art von »Eigentum« vergewaltigt wird: Das Eigentum aller derer, die sich diese Kunstwerke zu »eigen« machen, die sie in viel höherem Maße »besitzen« und zu »eigen haben« als *der* Mensch, der mit ihrer stofflichen Existenz dank seiner Kapitalmacht anfangen kann, »was ihm beliebt«. Wenn der Sozialist oder Kommunist das *blinde* Verfügungsrecht über Sachen bestreitet, so gilt er als »Vernichter des Eigentums«, ohne dass man bemerkt, dass er nur den verfeinerten Eigentumsbegriff gegen den gröberen ausspielt ... Bei der Negatorienklage wider Lärm kann sich der Immittent sogleich auf § 906 zurückziehen, wonach die Immissionsklage unzulässig ist, wenn ich keine Schädigung meines Eigentums erweisen kann. Glückt es ihm aber mit der Berufung *darauf*, dass keine »Schädigung des Eigentums« vorliege, *nicht*, so steckt sich der Beklagte hinter § 17 ff. der Gewerbeordnung oder er weist nach, dass die Immission von Lärm »nicht wesentlich« sei (§ 906) oder endlich, dass sie den »ortsüblichen Gepflogenheiten« entspräche. Damit ist der Fall eben erledigt. Gegen psychologisch ungeklärte, vage Begriffe wie »Ortsüblichkeit«, »Eigentum«, »Wesentlichkeit« und »Unwesentlichkeit« *kann* keine Logik der Erfahrungen und Tatsachen aufkommen! Man kann *jede* Belästigung durch Lärm und Geräusch eben damit rechtfertigen, dass sie der »Ortsüblichkeit« und den »Gepflogenheiten menschlichen Verkehrs« entspräche und dass kein »wesentlicher Eingriff in fremdes Eigentum« darin gefunden werden kann …

Ein konkretes Beispiel für die Aussichtslosigkeit der Negatorienklage gegen Lärm bietet folgende interessante Entscheidung des Reichsgerichts (Seuff. A., Bd. 45, Nr. 240). Die jüdische Gemeinde in Halle a. S. hatte seit 50 Jahren ihren Tempel auf einem Grundstück stehen, dessen Besitzer neuerdings eine Böttcherei anlegte. Dadurch wird die Benutzung des Tempels unmöglich, der Gottesdienst wesentlich gestört. Die Gemeinde klagt auf Untersagung des Lärmens. Der Kläger erwidert, dass die Gemeinde beim Bau der Synagoge dafür habe Sorge tragen müssen, dass der Gottesdienst nicht durch Lärm gestört werden *könne*. Daher sei sie selber an der Störung schuld. Die erste Instanz verurteilt den Besitzer der Böttcherei. Die

Berufungsinstanz spricht ihn frei. Das Reichsgericht entscheidet im Sinne der Berufungsinstanz. In der Begründung heißt es zunächst, dass in der Tat »nicht bloss die Immission körperlicher Stoffe, sondern auch die Erregung von Lärm, wenn das Maß des Erträglichen und Gemeinüblichen überschritten wird, zur Anstellung der Negatorienklage berechtigen kann«. Wo aber »das Maß des Erträglichen und Gemeinüblichen« eigentlich *liege*, sagt das Reichsgericht nicht.[24] Dann aber heißt es weiterhin: »Wer größerer Ruhe bedarf als *gewöhnlich* ist und als ihm durch die aus dem Zusammenleben mit anderen Menschen fließenden gemeinüblichen Störungen gewährt wird, hat selber für die Befriedigung dieses *außergewöhnlichen Bedürfnisses* zu sorgen und kann nicht verlangen, dass seine Nachbarn sich in dem Recht auf die gemeinübliche Nutzung ihres Eigentums Schranken auferlegen.« – Ein schlimmeres Armutszeugnis als die Berufung auf »Gewöhnlichkeit« und »Gemeinüblichkeit« darstellt, kann sich die oberste Rechtsinstanz nicht ausstellen. Sie soll ja ihrerseits erst *normieren*, was »gemeinüblich« *werden* soll. Sie kann also nicht, während sie ethische Normen durchzusetzen hat, diese Normen wiederum auf die gegebene *Tatsache* gründen! Das wäre eben ein verschleierter Rechtsbankrott. – Und *was* ist denn schließlich »gewöhnlich« und »gemeinüblich«? Der Lärm, der etwa in Berlin auf der Friedrichstraße als »gemeinübliche Störung« zu legitimieren wäre, kann doch nicht bei Abhaltung eines Gottesdienstes als »gemeinüblich« hinzunehmen sein …

24 *Gruchot*, Bd. 27, K. 905. *Seuffert*, Bd. 38, Fall Nr. 7.

***

Dass nun in der Tat das ganze Gerede von »gemeinüblich«, »normal«, »wesenszugehörig« und »gewöhnlich« von Fall zu Fall eine immer wieder wechselnde Ausdeutung zulässt, zeigen alle Negatorienklagen wider Lärm, so viele das Reichsgericht bisher zu entscheiden hatte. Einmal wurde vom Reichsgericht sogar zugegeben, »dass auch das Bedürfnis nervöser Personen zu berücksichtigen sei« (Seu. 52, 146). Ein anderes Mal wurde der Eisenbahnfiskus auf Schadenersatz verurteilt, weil ein Grundstück durch den Lärm entwertet wurde, den die Züge beim Fahren über einen Wellblechviadukt vollführten (49, 236). Dann aber wird freilich hinwiederum in viel ablehnenderem Sinne dahin entschieden, dass Dampfdreschereien auf dem Lande geduldet werden müssen und ihr Lärm *nicht* klagbar sei (48, 247 und 42, 100). – Vor dem Oberlandesgericht Braunschweig wurde 1888 der Besitzer des Sommertheaters verurteilt, dass er bei Vermeidung von 300 Mark Geldstrafe das Eindringen unnötigen nächtlichen Lärmes in die Nachbarhäuser verhindern müsse (44, 6). Im Ganzen zeigte die moderne Rechtspflege jedenfalls einen anwachsenden Fortschritt in der Behandlung der Negatorienklage gegen Lärm. Das wachsende Bedürfnis nach Ruhe und die steigende Unrast und Unruhe des modernen Lebens führte ganz von selbst dazu, dass der Lärm in die Reihe der klagbaren Delikte aufgenommen wurde. Das wird besonders einleuchtend, wenn man die erwähnten neuesten Entscheidungen des Reichsgerichts z. B. mit einem Verdikte des obersten Gerichtshofes aus dem Jahre 1857 vergleicht (Seuffert 12, 123). Hier wird eine Lärmklage gegen eine Eisenbahngesellschaft noch kurz und bündig mit folgenden lapidaren Worten abgewiesen: »*Der Lärm und das Getöse, das jemand auf seinem eigenen Grundstücke verursacht, wäre es auch noch so gross, gewährt dem Eigentümer des benachbarten Grundstücks nicht einen zivilrechtlichen Anspruch.*« – Es ist wichtig, auf diese Veränderungen in der Justiz hinzuweisen, weil daraus hervorgeht, dass auch weitere Veränderungen der Rechtspflege möglich und wahrscheinlich sind. Ausdrücklich hat neuerdings das Reichsgericht *anerkannt*, dass die Abwehrklage gegen den Lärm eine moderne Notwendigkeit geworden ist (Seu. 38, 7 und 9). In einem Frankfurter Klagefall wird vom Reichsgericht konstatiert, dass »ursprünglich«, mit der Negatoria oder Confessoria im römischen Prozess der Lärmschaden *nicht* hätte belangt werden können, dagegen habe »ein moderneres Rechtsbewusstsein zweifellos einen Schadenersatz für den durch Lärm und Geräusche erlittenen Schaden zu garantieren«.[25] – –

25 Ich bezweifle freilich, dass diese Meinung des Reichsgerichts über die Rechtsentwicklung historisch haltbar ist. Die Pandekten kannten in der Tat schon einen *ausdrücklichen* Schutz gegen Lärm. Das bestätigt *Dernburg*, Pand. § 199; *Ihering*, S. 111 ff.; *Windscheid*, Bd. 1, § 169. *Spangenberg* erhebt dagegen Widerspruch … Ich finde in einem Buche, *Gesundheit und Erziehung* von G. Stricker die Angabe, dass im alten Rom kein Kupferschmied in eine Straße ziehen durfte, wo ein »Professor« wohnte; dies sei auch in den Pandekten verfügt. Vermutlich handelt es sich um irgendeine der zahllosen lokalen Bauordnungen und lokalen Gebäudeservituten der Römer (*Dernburg* I, 587). Bei den mir zugänglichen Pandektisten fand ich wenigstens, trotz fleißigen Durchforschens der Berliner Universitätsbibliothek, *nirgend* eine Verfügung dieser Art vorgetragen.

***

Eine eigenartige Tragik des Lebens liegt darin, dass nicht nur Freundschaften, sondern auch Gegnerschaften zu einem Stück unseres Lebens werden, dass man sich alledem anpassen und angleichen muss, was man verachtet und überwinden will; dass auch unsre Feinde untrennbar in unser Leben eingehn dürfen, und jegliche Macht nur besiegt und widerlegt werden kann, indem sie mit ihren *eigenen* Waffen bekämpft wird. Wie man nach altem Volkswort einem Schuft anderthalbe entgegensetzen muss, so kann man niemandem und nichts mit Aussicht auf Erfolg entgegentreten, wenn man nicht sein Lebensniveau begreifen und mitmachen und die verachteten oder unrechtmäßigen Kampfmittel *selber* verwenden will. Man kann nicht Verlogene mit Wahrheit, nicht Unmündige mit Lebenserfahrung, nicht Verliebte mit Erkenntnistheorie »widerlegen«. Wer also gegen den Lärm kämpft, der muss Lärm schlagen. Wer in dem allgemeinen Geschreie und Getöse gehört will werden, der muss es noch zu überschreien und zu überlärmen suchen, auch dann, wenn er nichts anderes zu lehren hat, als dass Lärmen und Schreien gemein und unsittlich sei. Dies mag mich zu entschuldigen versuchen gegenüber denjenigen, welche zweifellos finden werden, dass dies Buch zu laut und tumultuös gehalten ist. Ich habe es unter Hemmungen geschrieben. Ich schließe es ohne Hoffnung, dass es viel nützen wird. Denn ich bin gewiss, dass der Lärmteufel, der mein Leben so oft zur Tortur gemacht hat, mir bis zum Tode treu bleiben wird, treuer sicherlich und zuverlässiger als die sogenannten »Nächsten« gewesen sind. Wenn der Kampf zu Ende gehn und ich im Fieberschweiß liegen werde, wo vielleicht noch einmal fester Schlaf frische Kraft zuführen und mich herausreißen könnte, dann wird zweifellos der Hund des Nachbarn die Nacht durchheulen, dann werden, ich weiß es gewiss, Meyers gerade das unaufschiebbare Reinemachen haben und bei Kanzleirats die elektrischen Läutewerke repariert werden müssen. Oder, es wird Festtag sein, wo »die eisernen Hunde der Luft« ihre mächtigen Zungen rühren. Meine Nachbarin wird Sonaten üben. Und der Bäckerjunge und die Gemüsefrau werden just vor meiner Kammertüre sich begegnen und einen notwendigen Austausch ihrer Seelen beginnen.

Kurz, ich weiß nicht, was sein wird, noch wie es sein wird. Aber Lärm wird sicher dabei sein. Ich werde mich nicht mehr wehren, sondern nach der Wand kehren, und auch testamentarisch keine *andere* Bitte mehr hinterlassen als die, dass an meinem Grabe nicht etwa noch ein Böller abgeschossen wird.

ZUSÄTZE

1. Lärm und Weber'sches Gesetz

Die Tatsache unserer Anpassung oder Gewöhnung an Schallreize der Umgebung verbirgt eine ganz eigentümliche Beziehung zum *Weber*'schen Gesetz. Der Inhalt dieses Gesetzes ist der folgende: Wir sind nie für die *absolute* Größe von Reizen empfänglich, vielmehr nur für den *Unterschied* eines uns gegenwärtigen Reizes gegen einen früheren. Damit daher Schallempfindungen zu doppelter Stärke anwachsen, müssen ihre äußeren Veranlassungen in weit rascherer Proportion, als der der einfachen Verdoppelung zunehmen! – – Das *Wahrnehmen* der Reize – (das ist nur eine andere Wendung des *Weber*'schen Gesetzes) – entzieht somit dem objektiven Reize Wirkungsfähigkeit oder »Energie«. Im selben Maße als der Schallreiz bewusst gemacht und apperzipiert wird, stumpfen wir uns gegen die schädigende Wirkung seiner äußeren, objektiven Veranlassung ab. – Der eigentliche Kern dieses Gesetzes ist das, was ich »Gesetz der Entwirkung« benenne. (»Schopenhauer, Wagner, Nietzsche«, S. 107–115. »Bühnenästhetik«, S. 57–60. »Der Bruch Kants« § 22.) Für den *Lärm* aber wird nun die dauernde Abstumpfung des Menschen vermöge quantitativer Häufung von Geräuschwahrnehmungen dadurch bestätigt, dass wir bei Nacht unzählige Töne, Klänge und Klanggeräusche wahrnehmen, die während des Tages in dem beständigen dumpfen Lärme untergehen. Es handelt sich hier um eine normale Erschöpfung der *Unterschieds*wahrnehmung infolge der gehäuften Fülle unserer Wahrnehmungsobjekte. Man kann das als die normale »Abstumpfung aus Überreizung« bezeichnen.

2. Primäre und Verschmelzungsgeräusche

Die Psychologie macht einen theoretischen Unterschied zwischen primären und Verschmelzungsgeräuschen, der für unsere Untersuchungen über den Lärm von großer Wichtigkeit ist. Unter »primären Geräuschen« versteht man komplexe Geräuschempfindungen, die *nicht* in differente, einfache und regelmäßige Schwingungsfolgen im Ohre zerlegt werden. Man nimmt an, dass bei Individuen, denen keine komplizierte Schneckenmembran gegeben ist, »solche Geräuschempfindungen vorkommen, aber man bezweifelt, ob der *Mensch* solche unzerlegte komplexe Geräuschempfindungen haben kann«. Als »Verschmelzungsgeräusche« dagegen bezeichnet man akustische Gesamtvorgänge, die nicht in sich differenziert sind, sondern durch das Zusammentreffen, Sichdurchkreuzen und Sichstören differenter Tonempfindungsvorgänge entstehen. Die Verschmelzungsgeräusche sind also *ungeordnete* Erregungszustände des Gehörs. Dass nun aber überhaupt eine Verschmelzung aller auf uns einbindenden Töne im Bewusstsein stattfinden muss, erklärt man aus der »Enge des Bewusstseins«, d. h. aus der Unfähigkeit des Bewusstseins, vielerlei Inhalte gesondert nebeneinander zu gleicher Zeit bestehen zu lassen. Geschieht nun die Verschmelzung akustischer Elementarempfindungen mühelos, so entsteht der »Klang«. Ragt unter den Tönen einer an Stärke besonders heraus oder sind *einzelne* dabei, die zu einfachem Klang verschmelzen können, so entsteht das »Klanggeräusch«, ist dagegen die Verschmelzung eine bloße »Zusammenschüttung«, dann sprechen wir schlechthin von »Geräusch«, und eine Gleichzeitigkeit vieler Geräusche nennen wir »Lärm«. – Obwohl somit psychologisch die Lärmempfindung ein *letztes* Ergebnis vieler Wahrnehmungsvorgänge ist, nimmt man an, dass sie entwickelungsgeschichtlich das *Erste* sei und viel früher da war als die Empfindung von Klang und Einzelton. – Alle diese Tatsachen der Tonpsychologie sind freilich mit äußerstem Misstrauen aufzunehmen. Denn neben der Tendenz zur Verschmelzung gleichzeitiger Tonempfindungsinhalte steht (wenigstens unserer Selbstbeobachtung nach) die ganz *spontane* Tendenz, jedes komplexe akustische Gebilde zu zerlegen. Es ist eine sehr merkwürdige Selbsterfahrung, dass Geräusch und Lärm am quälendsten sind, wenn man keine Möglichkeit besitzt, ihre Komponenten zu unterscheiden und isoliert zu objektivieren. Indem ich Lärm höre, ertappe ich mich auf unbewussten »beruhigenden Orientierungen«. Zwangsweise automatisch wird jeder Lärm, wenn er überhaupt wahrgenommen wird, auch schon analysiert. »Das ist die Säge.« »Das da der Hund.« »Das ist die elektrische Bahn.« »Das sind Vorübergehende.« »Das ist Maschinengeräusch«. Sobald nun aber in den mich umbrandenden Tagesgeräuschen etwas Fremdartiges noch so leise auftritt, etwas, dessen Herkunft und Natur ich nicht begreife, so erleide ich eine sehr qualvolle Unterbrechung in meiner normalen Anpassung an den Umgebungslärm. – Die Geräusche in einer ungewohnten Umgebung sind nur darum quälend, weil man sie noch nicht *analysiert* hat.

3. Lärm und motorische Vorstellung

Der Tatbestand, dass man die vorwiegende Empfänglichkeit für akustische Wahrnehmungen mit der Empfänglichkeit für motorische Wahrnehmungen stets vereint gefunden hat, besitzt tiefe Bedeutung. Hinter *allem* Lärm nämlich stehen direkte oder indirekte »Ausdrucksbewegungen«. Überall dort also, wo Verständigung und Einfühlung der Menschen vorwiegend durch körperliche Akte, Gesten und Symbole vermittelt wird, muss auch der Lärm besonders groß sein. Diese motorische Seite des Lebens aber ist vor allem bei Kindern und Naturvölkern noch vorwiegend. Damit hängt zusammen, dass auf primitiven Lebensstufen jede motorische Vorstellung in motorische Akte übergeht, jedes Vorstellen von Bewegung alsbald den Impuls zu Bewegungen nach sich zieht. Es fehlen hier noch die motorischen »Hemmungen«. Man lebt im Zustande allgemeiner, gegenseitiger, motorischer Mitahmung. Jeder will auf den anderen »Eindruck« machen; jeder für den anderen Autorität und »Vorlage« sein. – Es ist nur eine andere Umschreibung derselben Tatsache, wenn man sagt, dass der primitive Mensch ein »Spieler«, der kultivierte aber ein »Arbeiter« sei. Alles Lernen und Arbeiten auf primitiver Stufe ist spielende Mitahmung. Aber eben dieses allgemeine spielende Vergeuden des Lebens ist ungleich lauter und lärmender als jede ökonomisierte Arbeitskultur. Das Getöse unserer Werkzeuge, Apparate und Maschinen darf uns somit nicht darüber täuschen, dass der Lärm *kein* Signum von Arbeit ist, *keine* »notwendige Begleiterscheinung« unserer gebundenen, mechanisierten Lebenshaltung, sondern der primitive Ausdruck ernstlosen, willkürlichen und zufälligen Spiels.

WORTERLÄUTERUNGEN

Die folgenden kursorischen Erläuterungen verstehen sich als Lesehilfe, für eingehendere Erklärungen siehe den Kommentar im zweiten Band von Theodor Lessing, *Kultur und Nerven. Kleine Schriften 1908–1909*, hg. von Rainer Marwedel, Göttingen 2021.

S. 18 *Psychophysik*: Wissenschaft von den Beziehungen zwischen physischen Reizen und ihrem Erleben

S. 19 *»non clamor sed amor«*: »Nicht Lärm, sondern Liebe« (lat.)

S. 24 *Styx*: Fluss in der Unterwelt in der griechischen Mythologie

S. 25 *Agogik*: Kunst der Veränderung des Tempos, um den musikalischen Ausdruck zu steigern

S. 26 *Konkretierung*: hier die Unfähigkeit zum abstrakten Verständnis

S. 28 *Rekurrensnerven*: Nervenbahnen zum Kehlkopf

S. 29 *Stakete*: Zaunlatte

S. 31 *in specie*: scheinbar

S. 32 *medisieren*: lästern

S. 36 *Barditus*: Schlachtgesang germanischer Stämme

S. 38 *Merkutio* und *Königin Mab*: Personen aus William Shakespeares *Romeo und Julia*

S. 40 *Multatuli*: Eduard Douwes Dekker, niederländischer Schriftsteller des 19. Jahrhunderts
pontinische Sümpfe: Gebiet in Mittelitalien

S. 47 *Bronzino*: Agnolo di Cosimo di Mariano, italienischer Maler des 16. Jahrhunderts, Vertreter des Manierismus
Lazzaroni: historischer Begriff für die Unterklassen Neapels
buontempone: Frohnatur
Tasso: Torquato Tasso, italienischer Dichter des 16. Jahrhunderts

S. 50 *Kakozelie*: schlechtes Nacheifern
in Rapport versetzen: in Beziehung setzen
haranguieren: feierlich sprechen
Roture: Pöbel (frz.)

S. 52 *estimieren*: wertschätzen

S. 53 *Bilde des Petrus Martyr*: *Der heilige Petrus Martyr*, Bildnis von Fra Giovanni Angelico da Fiesole, das Petrus von Verona zeigt, der den Finger vor die Lippen legt
Charon: Fährmann in der griechischen Mythologie, der die Verstorbenen über den Totenfluss zum Eingang des Hades bringt

S. 55 *Blutzeugen*: Eindeutschung von Märtyrer

S. 56 *vikariierend*: die Funktion eines ausgefallenen Organs übernehmend
Spencer: Herbert Spencer, englischer Philosoph und Soziologe des 19. Jahrhunderts
Jane Welsh Carlyle: schottische Salonnière des 19. Jahrhunderts und Frau des Historikers Thomas Carlyle

S. 57 *Tyndall*: John Tyndall, britischer Naturwissenschaftler des 19. Jahrhunderts

S. 58 *Dyspeptiker*: an Reizmagen leidende Person
Peter Hille: deutscher Schriftsteller des 19. Jahrhunderts
Friedrich Theodor Vischer: deutscher Literaturwissenschaftler und Philosoph des 19. Jahrhunderts, publizierte auch unter dem Pseudonym Deutobold Symbolizetti Allegoriowitsch Mystifizinsky

S. 63 *»Rungsum ruhet die Stadt«*: aus dem Gedicht »Brot und Wein« von Friedrich Hölderlin

S. 65 *hypererethisch*: unter starker Bewegungsunruhe leidend

S. 66 *Thomas Hood*: englischer Schriftsteller und Humorist des 19. Jahrhunderts

S. 67 *Ernst von Wildenbruch*: deutscher Schriftsteller des 19. Jahrhunderts

S. 71 *Appretur*: veredelnde Behandlung von Geweben

S. 73 *Resonator*: Körper, der bei Resonanz mitschwingt

S. 77 *sekretorisch und exkretorisch*: sekretabsondernd und ausscheidend
mystagogisch: in die Mystik einführend

S. 78 *Theodor Billroth*: deutsch-österreichischer Pionier der modernen Chirurgie des 19. Jahrhunderts
Systole und Diastole: Phasen bei den Pumpbewegungen des Herzens

S. 80 *Chronoskop*: Kurzzeitmessgerät

S. 81 *Reagibilität*: Fähigkeit, schnell und sensibel zu reagieren

S. 83 *klafterlang*: Klafter, ein historisches Längen-, Raum- und Flächenmaß

S. 84 *nexus idearum*: »Verbindung von Ideen« (lat.)
Hansom: zweirädrige englische Kutsche

S. 85 *»erste Bürgerpflicht«*: mglw. Amalgam aus Willibald Alexis' Roman *Ruhe ist die erste Bürgerpflicht* und der Zeile »Gehorsam ist die erste Pflicht« aus Schillers Ballade »Der Kampf mit dem Drachen«

S. 86 *inhibieren*: lähmen

S. 87 *Bycikleverkehr*: Fahrradverkehr
Max Nordau: zionistischer Vordenker, Arzt, Autor und Sozialkritiker des 19. und frühen 20. Jahrhunderts

S. 88 *grölzen*: rülpsen
Windbüchse: im 17. Jahrhundert entwickelter Vorläufer des heutigen Luftgewehrs

S. 88 *Straßenlokomobil*: dampfgetriebenes Verkehrsmittel für die Straße
Maltus'sche Theorien: von dem britischen Ökonom Thomas Robert Malthus entwickelte Theorien zum Umgang mit vermeintlicher Überbevölkerung

S. 90 *Herkomerfahrten*: Tourenwagen-Rallyes in Deutschland Anfang des 20. Jahrhunderts

S. 92 *Drusus*: römischer Politiker und Heerführer, Stiefsohn des Kaisers Augustus

S. 94 *Eisenbahnkommis*: Zuggehilfe

S. 95 *Theorie der Abel'schen Funktionen*: Theorie über elliptische Funktionen des norwegischen Mathematikers Niels Henrik Abel

S. 100 *Leichenkondukt*: Trauerzug

S. 101 *Liegnitz*: deutscher Name der heutigen polnischen Stadt Legnica in Niederschlesien

S. 102 *Campanella*: Tommaso Campanella, italienischer Philosoph und Dominikaner des 16. und 17. Jahrhunderts
»Die stillsten Worte sind es, welche den Sturm bringen«: Sentenz aus Friedrich Nietzsches *Also sprach Zarathustra*

S. 103 *Caliban*: Figur aus Shakespeares *Der Sturm*, Symbol für Wildheit

S. 106 *Platen*: August Graf von Platen-Hallermünde, deutscher Dichter des 19. Jahrhunderts

S. 110 *Phthisis*: Schwindsucht

S. 111 *Exkrete*: vom Körper ausgeschiedenes wertloses Stoffwechselprodukt
Evaporationen: Verdunstung

S. 113 *Zeugstoff*: baumwollartiges Gewebe
waadländisch: zum Schweizer Kanton Waadt, oberhalb des Genfer Sees, gehörig

S. 114 *Nosotropie*: Beeinflussung von Krankheiten
Chlorose: Bleichsucht

S. 115 *Portière*: schwerer Türvorhang
Lincrustatapete: Tapete aus linoleumartigem Wandbelag
Karbollösung: Desinfektionsmittel
Ripps-Stoff: in einer bestimmten Webart gearbeiteter Stoff

S. 119 *in suspenso*: strittig

S. 121 *Krähwinkel*: spießbürgerliche Welt

S. 122 *Syssitien*: gemeinschaftliche Mahle im antiken Griechenland

S. 125 *L. Fulda*: Ludwig Fulda, deutscher Bühnenautor des 19. und 20. Jahrhunderts
Elephantiasis: Lymphstau, der zu einem Anschwellen von Körperteilen führt

S. 126 *exzitieren*: beleben
Solfeggie: Gesangsübung entlang der Tonleiter

S. 131 *»Musik wird oft nicht schön gefunden«*: aus dem Gedicht »Der Maulwurf« von Wilhelm Busch
»Lied von der Holzauktion«: bekannter Berliner Schlager von Ende des 19. Jahrhunderts
Matschiche: aus Brasilien stammende Tangoform

S. 132 *Fechner*: Theodor Fechner, deutscher Mediziner, Physiker und Naturphilosoph des 19. Jahrhunderts, Begründer der Psychophysik
Lotze: Hermann Lotze, deutscher Mediziner und Philosoph des 19. Jahrhunderts

S. 134 *subumbilikal*: unterhalb des Nabels gelegen

S. 135 *Raptus*: Erregtheitsanfall
ovarial: hysterisch, weiblich konnotiert
testal: hysterisch, männlich konnotiert
»Jetzt rede mir nur Einer noch«: aus Ludwig Fuldas Gedicht »Klaviernoth«

S. 136 *Lex Heintze*: umstrittenes Gesetz zur Bekämpfung von Zuhälterei, aber auch zur Zensur »unsittlicher« Schriften und Kunst, das im Jahr 1900 im Deutschen Reich diskutiert wurde
gonorrhoische oder luetische Infektion: Tripper und Syphilis

S. 137 *Realinjurie*: Tätlichkeit

S. 141 *als culpa oder als dolus*: Nachlässigkeit oder Vorsatz

S. 143 *»Ceterum censeo«*: »im Übrigen meine ich« (lat.)

S. 147 *Präjudiz*: richtungsweisender Gerichtsentscheid

S. 153 *vexatorisch*: quälend

S. 154 *Exequend*: Schuldeneintreiber
epineus: schwierig

S. 159 *»ubi nihil vales, ibi nihil velis«*: »wo du nichts wert bist, sollst du nichts wollen« (lat.)
Inhibierung: Hemmung, Verzögerung
Präklusivfrist: gerichtlich festgelegte Frist, nach deren Ablauf ein Recht nicht mehr geltend gemacht werden kann

S. 160 *ambieren*: ersuchen

S. 161 *ad occulos*: »vor Augen« (lat.)
Zurbaran: Francisco de Zurbarán, spanischer Maler des 17. Jahrhunderts
Moreau: Gustave Moreau, französischer Maler des 19. Jahrhunderts

S. 167 *»die eisernen Hunde der Luft«*: Zeile aus Heinrich Heines Gedicht »Kobes I.«

DER GENTLEMAN ALS ANTI-RÜPEL

Theodor Lessings Kritik des Lärms am Leitfaden des Leibes

Kein Gedanke gerät triftig, der nicht in einem affektiven Verhältnis zum Gedachten steht. Ob Zuneigung oder Ablehnung, Liebe oder Abscheu den ursprünglichen Impuls ausmachen, darüber entscheidet die jeweilige Konstellation zwischen Subjekt und Gegenstand des Gedankens. Einzig Gleichgültigkeit, sei es in Form der stechuhrgetakteten Routine, die heute den Rhythmus des Geistesbetriebs bestimmt, sei es als wohlorientierte Indifferenz desjenigen, der über allem zu stehen meint und deshalb nie auf Höhe seines Gegenstands ist, garantiert Substanzlosigkeit des Denkens. Wenn der 1872 geborene Theodor Lessing gleich zu Beginn seines 1908 in der Zeitschrift *Grenzfragen des Nerven- und Seelenlebens* erschienenen Pamphlets *Der Lärm* seine Parteilichkeit gegenüber dem Gegenstand betont, meldet sich darin der Protest gegen die Geistlosigkeit an, als dessen sinnliche Erscheinungsform Lessing im frühen 20. Jahrhundert den Lärm namhaft machte. »Nur zum kleineren Teil« verfolge er, so Lessing, »wissenschaftliche, literarische Absichten«, indem er »einige Betrachtungen über den Lärm und die Geräusche« anstelle: »Zunächst aber, vor allem andern, liegt mir daran, mich von quälender Spannung langen Grolls und sachlichem Zorne zu entlasten.«

Der Groll, den Lessing schreibend zu sublimieren suchte, richtete sich nicht unmittelbar auf Geistiges, sondern auf eine somatische Erfahrung; nicht auf einen Gegenstand der Schulphilosophie, sondern auf ein

Alltagsphänomen. »Dinge des täglichen Lebens zu Fraglichkeiten und Vorwürfen philosophischer Betrachtung« zu machen, war für ihn im Einklang mit der Kulturphilosophie der Jahrhundertwende, wie sie am prominentesten Georg Simmel vertrat, angesichts der Erosion der *prima philosophia* zur genuinen Aufgabe philosophischen Denkens geworden. Gerade weil dieses nicht mehr fraglos für das große Ganze zuständig sei, sei es verpflichtet, den Blick auf die gesamte Erscheinungswelt, auch auf das Banalste zu richten: »Es ist alles gleichmäßig nichtig und wichtig; es ist gleichgültig, wo man beginnt. [...] Sich mit Gott und dem Ende der Menschheit beschäftigen ist nicht an und für sich bedeutender, als die Beschäftigung mit den tausend konkreten Kleinigkeiten der Praxis.« Solche Gleichgültigkeit aber meint nicht Indifferenz, sondern, dass jeder Gegenstand des Denkens gleich viel gilt. Die Prägnanz, mit der das Denken der Geltung seines Gegenstands zum Ausdruck verhilft, hängt wiederum ab vom Verhältnis des Denkenden zum Objekt, das nicht gleichgültig, sondern spezifisch ist.

Leib und Geist

Das Spezifische von Lessings Verhältnis zu seinem Gegenstand, dem Lärm, lässt sich zusammenfassen in dem Satz: Er fühlt sich durch ihn belästigt. Dass Lessing im Schlusskapitel seiner Schrift wie ein juristisch versierter Bürgerrechtler detaillierte Vorschläge für einen »Rechtsschutz gegen den Lärm« macht und im Erscheinungsjahr seines Pamphlets auch noch Redakteur von *Der Anti-Rüpel*, den »Monatsblättern zum Kampf gegen Lärm, Rohheit und Unkultur im deutschen Wirtschafts-, Handels und Verkehrsleben«

wurde, nährt zusätzlich den Verdacht, er sei nichts anderes als ein Vorläufer jener Zivilgesellschafter, die heute ihrerseits lärmend und pöbelnd von ihren Mitbürgern Rücksichtnahme und Achtsamkeit in allen Lebenslagen einfordern. Von ihnen aber unterscheidet sich Lessing in zwei wesentlichen Punkten: Er spricht zu allererst nicht im Namen einer Bürgergesellschaft, sondern für sich selbst; und er reflektiert und deutet seine Aversion gegen seinen Gegenstand, statt sie nur auszuleben.

Die Leib- und Lebensphilosophie Nietzsches und Klages', die Lessings Werk geprägt haben, überführt er in eine psychophysiologische Zeitdiagnostik, die den Lärm als Symptom einer Dialektik der Anästhesie entschlüsselt. Dabei gesteht er ihm eine gleichsam anthropologische Berechtigung zu. Dem Streben des Menschen nach »Bewusstsein«, nach Bändigung der Begierden in der Vernunft, widerstrebe seit jeher eine »ebenso unausrottbare Seelenneigung«: das »Bedürfnis nach Bewusstlosigkeit und Vergessen, unser Hang zu alle dem, was das bewusste Wissen betäubt und verdunkelt«. Während solcher Drang sich in der Musik zum ästhetischen Ausdruck bilde, sei der Lärm deren hässliches »Afterbild«. Von idiosynkratischer Kulturkritik, die den Lärm als »bloß zeitgeschichtliches Symptom der Unrast und Heimatlosigkeit moderner Seelen« denunziert, hebt Lessing sich ab, indem er ihn als Ausdruck eines »allmenschlichen Triebes« versteht, dem Streben des mit Geist und Sinnlichkeit begabten Menschen nach Betäubung: »Man *betäubt* sich in Theater und Salon. *Betäubt* sich im Medisieren und Räsonieren. In dem üblichen Kunstgeschwätz und Philosophatsch der Journale und Zeitungen [...]; in den rohesten Ausschweifungen, in poetischen Flirts und religiösen Ekstasen.« Von all diesen Mitteln der Alltagsanästhesie sei der Lärm nur »das primitivste und plumpeste«. Wer Lessings Schrift als Quelle von Tiraden gegen die akustische Umweltverschmutzung ausbeuten möchte, wird also zwar auf jeder Seite fündig werden – verstanden wäre sein Pamphlet damit aber nur halb, und das heißt: überhaupt nicht.

Lessings hochentwickelte Fähigkeit, die geistzerstörende Kraft des Lärms auf den Begriff zu bringen, verdankt sich vielmehr gerade seiner sinnlichen Ansprechbarkeit für das Phänomen. Diese Ansprechbarkeit, die immer auch ein Moment der Faszination enthält, kommt dort zu sich selbst, wo Lessing das »Brüllen, Dröhnen, Pfeifen, Zischen, Fauchen, Hämmern, Rammeln, Klopfen, Schrillen, Schreien und Toben, womit der Mensch seine Aktionen zu begleiten pflegt«, mit der phantasiegesättigten Präzision des Geplagten ausbuchstabiert. Es sind die berührendsten und zugleich bösesten Passagen seiner Schrift, weil sich in ihnen Leib und Geist, Phantasie und Wort vermählen, um der Pein Ausdruck zu verleihen und sie dadurch zu bannen: »Die Hämmer dröhnen, die Maschinen rasseln. Fleischerwägen und Bäckerkarren rollen früh vor Tag am Hause vorüber. Unaufhörlich läuten zahllose Glocken. Tausend Türen schlagen auf und zu. […] Nun läutet das Telefon. Nun kündigt die Huppe ein Automobil. Nun rasselt ein elektrischer Wagen vorüber. Ein Bahnzug fährt über die eiserne Brücke. Quer über unser schmerzendes Haupt, quer durch unsere besten Gedanken. […] In jede geistige, jede theoretische Schöpfung bricht lärmender Pöbel ein und das praktische ›Interesse‹ lärmenden Pöbels. […] Auf dem Balkon des Hinterhauses werden Teppiche und Betten geklopft. Ein Stockwerk höher rammeln Handwerker. Im Treppenflure schlägt irgendjemand Nägel in eine offenbar mit Eisen beschlagene Kiste. Im Nebenhause prügeln sich Kinder. […] Ein ›großes Reinemachen‹ steht bevor; ich fliehe aufs Dorf. Dort ist gerade ›Schützenfest‹. Ein Karussell wird just vor meinem Fenster aufgebaut. Dieses dreht sich acht Tage lang und spielt an jedem dieser acht Tage, acht Stunden lang das Lied von der ›stummen Liebe‹.«

Wenn Lessing davon spricht, »dass bei Individuen, die an äußere Unruhe *gewöhnt* sind, der Fortfall akustischer Reize *mit* dem Willens- auch ihr Bewusstseinsleben vollkommen brachlegt«, so scheint diese Erfahrung ihm selbst nicht fremd gewesen zu sein. Wie John Stuart Mill laut Lessing in Zeiten der Apathie das Dröhnen einer Pauke brauchte, damit seine geistige Regsamkeit wieder erwachte, so wird Lessings intellektuelle Phantasie vom Lärm und Getöse befeuert, auf deren beißende Kritik er jene Phantasie verwendet. Die Sprache ist das Sensorium, mit dem er die bedrängende Vielzahl akustischer Qualen so polemisch wie differenziert, in kühnen Metaphern und Neologismen, zu bestimmen sucht, um sie auf Distanz zu halten. So ist sein Pamphlet auch eine Sammlung idiosynkratischer Begriffe für damals neue, heute oft schon wieder unbekannte Geräusche. Mit »Barditus«, einer Bezeichnung für das Kampfgeschrei der Germanen, beschreibt er kleinstädtisches Volksfestgetöse, »Aufkicherung« nennt er die hintergründige Reizbelästigung, ohne die den lärmerprobten Großstädter die »Psychose der Stille« packt. Lessing kennt »Jugendlärm« und »Katzenmusik«, das »Gellquietschen« und das »Gölzen«, das »Hippen und Huppen«, den »Glockenschrei« und den »Hammerlärm«, das »Girren« und »Kapriolen«, den »stundenweisen Musikraptus« und andere musikalische »Metzeleien«, das Klavier ist für ihn ein »unbesteuerter Emotionskasten«, der seine Klänge über den »Leichen- und Trümmerstätten grausam gemordeter Gedankenkinder« verbreitet. Die Vielfalt der Bilder und Begriffe nimmt die Vielfalt der Geräusche, die sie zu bannen sucht, in sich auf und belebt die sprachliche Imagination. Der somatische Impuls lebt fort in dem Bemühen, den Geist vor der leiblichen Bedrohung, als die der Lärm erscheint, in Schutz zu nehmen. Das mimetische Moment solcher Bannung, die Tatsache, »dass die Namen der meisten Geräusche das betreffende Geräusch *selber* hervorbringen«, ihnen also ähnlich sind, wird von Lessing deutlich gesehen: »Man wird z.B. in den Worten brummen, donnern, poltern, rauschen, brausen, rasseln, knarren, schmettern, piepsen, piepen die Tonart des von ihnen bezeichneten Geräusches unschwer wiedererkennen.« Nicht, dass sie den Lärm denunziert, macht das Singuläre von Lessings Schrift aus, sondern die Tatsache, dass sie es tut, indem sie ihm seine eigenen Tonarten vorspielt.

Natur und Stadt

Weil Lessing die Leiberfahrung nicht einfach dem Geist gegenüberstellt, sondern sie als Voraussetzung der eigenen Polemik gegen die geisttötenden Sensationen nimmt, lässt sich sein Pamphlet ebenso wenig als Kampfschrift gegen Zivilisation, Urbanität und Technik lesen. Schon seine Schilderung des Dorfalltags mit

Schützenfest und Karussell hält fest, dass das Landleben im frühen 20. Jahrhundert als friedvolles Gegenbild zum Großstadtdschungel nicht mehr taugte. Die Naturverbundenheit ist selbst ein Kunstprodukt, dessen Gelärme Lessing als Vorboten der aufkommenden Kulturindustrie erkennt: »Lieber Leser! Begib dich in das tiefste, weltfernste Alpental, du wirst mit Sicherheit einem Grammophon begegnen. [...] Du bist nicht auf den Halligen, nicht in pontinischen Sümpfen davor sicher, dass unvermutet ›Ich komme vom Gebirge her‹ dir entgegendröhnt. [...] In manchen Gegenden Deutschlands, wo neuerdings starke Hotelindustrie erblüht, z. B. in Oberbayern, in Tirol, in der sächsischen Schweiz ist die Lärmverseuchung so furchtbar, dass ein ganzes Tal, hügelauf, hügelab vollgestopft ist mit Marterinstrumenten, wie Schlagzithern, Gitarren, Mandolinen und schlechten Klavieren.« War schon das bodenständige Leben, mit muhenden Kühen, bellenden Hunden und trappelnden Pferden, dem Lärm eher als der Stille verschwistert, erweist sich dessen touristisch vermittelte Form, die sich Folklore nennt, in Lessings Ohren als dem Großstadtlärm mindestens ebenbürtig. Sinnbild lärmender Volkstümlichkeit ist bei Lessing die Drehorgel, mechanisierte Inkarnation der Wiederkehr des Immergleichen, die der Mathematiker Charles Babbage, wie Lessing notiert, so enervierend fand, dass er einen Großteil seiner Einkünfte darauf verwandte, »alle Orgeln, die sich irgendwo in seinem Reviere hören ließen, aufkaufen zu lassen«.

Erweist sich die Verbindung von Volkstum und Moderne für Lessing an den akustischen Erscheinungsformen der Folklore als gründlich misslungen, ohne dass er deswegen für ein authentisches Volkstum als Möglichkeit des Besseren plädieren würde, so denunziert er ebenso wenig den Lärm der Großstadt als Symptom von Wurzellosigkeit. Er kündet in Lessings Ohren nicht von zivilisatorischen Verheerungen, sondern vom *Misslingen* der Zivilisation. Die »Morphologie der Stadt« ist für ihn geprägt vom Rückfall in rohe Körperlichkeit. Den städtischen Autoverkehr beschreibt er als Ausdruck einer Transformation von Technik in Animalität: »Vierhundertpfündige Kraftbolzen rülpsen roh daher im tiefsten Tone der Übersättigung. Schrille Pfeifentöne gellen darein. Riesenautos, Achthundertpfünder, die ›jeden Rekord nehmen‹, stöhnen, ächzen, quietschen, hippen und huppen. Motorräder fauchen und schnauben durch die stille Nacht.« Dass der Reiseverkehr, statt zur Zivilisierung der Fortbewegung und der Umgangsformen beizutragen, die »Verrohung des reisenden Menschen vollendet und jenen letzten Rest von Ritterlichkeit und Anstand aus dem Verkehrsleben heraustreibt, den das Zeitalter der Eisenbahn und des Dampfschiffes etwa noch übrig gelassen hat«, ist Zeichen einer in Desurbanisierung umgeschlagenen Urbanität: »Alle Courtoisie, aller Stil des Reisens geht zum Teufel.«

Wie Lessing den Lärm als Symptom nicht des Einbruchs der Zivilisation in eine organisch gewachsene Kultur, sondern des Misslingens von Zivilisation selbst entschlüsselt, so scheint das urbane Leben seinen Sinn für die Laute der gequälten Kreatur eher geschärft als betäubt zu haben. Lessings Eintreten für die Sache der Tiere und seine Überzeugung, dass Humanität umso verbindlicher sei, je stärker sie die Reflexion auf die Natur- und damit Tierentsprungenheit des Menschen in sich aufnimmt, sind nicht einfach Niederschlag seiner Schopenhauer- und Nietzsche-Lektüre, sondern stehen im Zusammenhang mit seinem Bemühen um Bewahrung von Zivilisation vor dem ihr innewohnenden barbarischen Potenzial. In den Schreien der gequälten Tiere, die ihm als akustische Qual entgegentreten, erkennt das zivilisierte Individuum die Barbarei als Schatten der Zivilisation: Als eine »Art Geräusch, die sich von allen bisher namhaft gemachten wesentlich unterscheidet«, identifiziert Lessing »die qualvoll störenden Lärmgeräusche, die aus dem Zusammenleben mit Haustieren erwachsen und den Kaufpreis bilden, mit dem wir die mannigfachen Freuden und Nutzen, die uns Tiere bringen, zu zahlen pflegen«. Hier wird Lessings mimetische, sich der Gestalt ihres Gegenstandes anschmiegende Kritik am deutlichsten. Die Qual, die der Haustierlärm dem menschlichen Ohr bereitet, zeugt von der Qual, welche die Menschen den Tieren zufügen: »Das Schreien eingekäfigter Tiere in den Zoologischen Gärten und Menagerien. Der nächtliche Schrei der Katze, vor allem aber der Ton gefangener Stubenvögel – das alles ist *mehr* als der gewöhnliche menschliche Werktagslärm und Feiertagslärm. Denn es zieht uns in das Leben fühlender Wesen ein, die in diesen Lauten ihre einzige Sprache haben. [...] Eben darum ist es schwer, sich gegen diese Stimmen abzustumpfen. Hammer- und Arbeitslärm belästigt die Ohren; die Tiere aber würden die ganze Seele in Anspruch nehmen, wenn wir nur genug Seele besäßen.«

Was Großstadtbewohner als exotisches, witziges oder auch lästiges Geräusch und als Kontrast zum Maschinenlärm der Zivilisation wahrzunehmen pflegen, deutet Lessing als sprachlosen Ausdruck gewaltsamer und damit misslungener Vermittlung von Urbanität und Natur. Das »Geplärre der Papageien« ist ihm deshalb »ganz unerträglich«, weil dessen automatenhaft repetitiver Charakter es wie eine schreiende Karikatur auf dieses Misslingen wirken lässt: »Solch Papagei, der dieselben mechanischen Sprachlaute viele Stunden lang unablässig wiederholt, kann einen arbeitenden Geist zu heller Verzweiflung bringen.« Das tut der Papagei auch deshalb, weil sein Nachsprechen absichtslos parodiert, was Lessing gegen die Anmutungen des Lärms verteidigen möchte: die geistige Arbeit als Form gelingender Vermittlung, die den Menschen momenthaft aus dem Naturzwang befreit. Der Menschenstimmen nachplappernde Papagei ist nicht nur eine lächerliche Imitation des Menschen, sondern auch des Tiers, das als den Menschen äffendes keines mehr ist: Hohn auf Natur wie auf Zivilisation. Hierin liegt der eigentliche Grund dafür, dass Lessing dem Lärm der Tiere in der Stadt ein eigenes Kapitel widmet. Die Qual, die sie seinem Ohr bereiten, ist nicht einfach nur die Qual der Belästigung. Vielmehr spiegelt sich in ihr die Qual, die den Menschen ihre missglückte Zivilisierung antut. Die Verkrüppelung des Tiers zum Haustier korrespondiert mit der Selbstvertierung der Menschen, die sich im Lärm der Arbeit nicht weniger ausdrückt als im Lärm des Vergnügens, der jenen übertönt.

Geist und Geschlecht

Während heutige Bürgerproteste gegen Flug- oder Autolärm fast immer darauf zielen, die eigene, ihrer Tristesse zum Trotz als Garant eines friedlichen Alltags wahrgenommene Scholle, Klitsche oder Datsche gegen den Einfluss der bösen Außenwelt abzuschirmen, entziffert Lessing den Lärm als Ausdruck der Verkehrtheit solchen Alltags. Was von Phänomenologen Lebenswelt genannt wird, durchschaut er unter dem Bann des Lärms als ständige Verhinderung unbeschwerten Lebens. Unter diesem Blick gerät seine Polemik gegen die »Geräusche der Hauswirtschaft« zur Kritik der geschlechterspezifischen Arbeitsteilung: »Unsere Frauen altern und verblühn, leisten eine Arbeitsmenge, die kein Mann zu leisten vermöchte und erreichen doch nichts, als dass all dieses, Kochwirtschaft, Hauswirtschaft, Kinderpflege, ganz unrationell unzweckmäßig und dilettantisch geübt wird, als dass sie mit all ihrer undifferenzierten, planlosen Wirtschafterei sich und andern das Leben vergällen. Zumal der Vormittag und der frühe Morgen in den Familienhaushalten der ›weniger Bemittelten‹ ist eine kleine Privathölle. Ein ewiges Schruppen, Kratzen, Bohnern, Umkramen und Umräumen. Ein Tollhaus knarrender, kreischender, wetzender Geräusche. Dazwischen Zurufe und Menschenstimmen. Wenn dann schließlich die rasselnden Privatmaschinen der Familienhaushalte leidlich in Gang kamen, [...] dann ist der halbe Tag herum. Die Sonne steht in Mittag; die Arbeitskraft ist verbraucht, die Seele müde und stumpf.«

Wo heutige Kritiker sogenannter Care-Arbeit bei allem Lärm, den sie selber machen, selten anderes zustande bringen als Vorschläge für eine gerechter zwischen den Geschlechtern aufgeteilte, anders entlohnte oder mit sozialer Reputation honorierte Verteilung der »Wirtschafterei« – für eine zeitgemäß renovierte Privathölle, eine abwechslungsreichere Möblierung des Tollhauses also –, gelingt Lessing die Denunziation der Hölle als ein Abzuschaffendes, weil ihn kein politisches

Anliegen, sondern der Impuls gegen die leiblichen Zumutungen treibt, die jene Hölle bereithält. Als Lessing sein Pamphlet schrieb, musste er seinen Lebensunterhalt als Publizist und Vortragsreisender bestreiten, weil seine Habilitation an der Universität Dresden gescheitert war – wegen seiner jüdischen Zugehörigkeit, aber auch wegen seiner offenen Parteinahme für den Feminismus, die damals noch Männerkarrieren zerstört hat. Das Eintreten für die Frauen aber war für Lessing kein sich selbst begründendes Prinzip, sondern notwendige Konsequenz des Eintretens für Aufklärung und Humanismus. Ausgehend von dem Lärm der teppichklopfenden Hausfrauen, der dem Privatgelehrten an den Nerven zerrte und seine Arbeitsfähigkeit untergrub, erkannte er in solcher Entgeistung die noch viel schlimmere Schmach, die die lärmende Tätigkeit Geist und Körper der Verursacherin antat.

Gegen Vertreterinnen der bürgerlichen Frauenbewegung, die größere Achtung vor den Leistungen der Hausfrau forderten, aber auch gegen die sozialistische Frauenbewegung, die zwar die Frauen auferlegte Reproduktionsarbeit denunzierte, produktive Arbeit aber vulgärmarxistisch fetischisierte, erkannte Lessing den Lärm der Hausarbeit als Sinnbild einer Gesellschaft, in der sich die Menschen arbeitend um die Möglichkeit dessen bringen, was sie arbeitend zu erreichen suchen. Der Lärm ist bei ihm Emblem des sich seiner selbst beraubenden Lebens, von dem weibliche Biographien meist unmittelbarer gezeichnet sind als männliche: »Ich verstehe nicht, [...] was an der Hausfrau und Mutter vom ›alten Schlage‹ gar so liebenswürdig und verehrenswert ist. [...] Frühzeitig verblüht, unliebenswürdig und verbittert, im ewigen Übermüdet- und Überhetztsein, im engen Dunstkreis der geliebten Küche, nie zur Selbstverantwortlichkeit, zum Stolz, zum eigenen Selbst gekommen – so vergeht heute das normale Frauenleben. Auf dem Sterbebett aber kann sie sich sagen, dass sie treu und ehrlich stets dafür gelitten hat, dass ER mittags und abends ›sein Leibgericht‹ bekam.« Wie Lessing deutlicher als viele Frauenrechtlerinnen ausspricht, in welchem Maße die solcher Arbeitsteilung unterworfenen Frauen barbarisiert, stumpf und dumm gemacht werden – also alles andere als bessere Menschen sind –, so sieht er auch bereits, dass die davon profitierenden Männer durch diesen Profit nicht minder regredieren, wenn er die »Primitivität und rüpelhafte Unkultur des durchschnittlichen *Mannes*« geißelt, die durch die Fixierung der Frauen auf die Haushaltssphäre begünstigt wird.

Um der »Verzweiflung« darüber zu begegnen, dass »Milliarden dahinleben, Milliarden, die ihr armes, kurzes, unwiederbringliches Leben nur dazu bekommen haben, um sich in zahllosen kleinen Privathöllen zwischen viele überflüssige geschmacklose und hässliche Dinge einzusperren«, sind für Lessing allein solche Maßnahmen geeignet, durch welche die Verstümmelungen des weiblichen wie des männlichen Sozialcharakters aufgehoben statt bloß einander angeglichen würden. Lessings Vorschläge hierzu sind von der Ansicht getragen, dass keine Konzession an »weibliche« Erfahrungen, die selbst gesellschaftlich entstanden und den Frauen aufgezwungen worden sind, sondern nur eine Verbesserung der Lebensverhältnisse aller Menschen zur Aufhebung jener Verstümmelung beitragen kann. Er argumentiert gleichheitstheoretisch, wenn auch im Namen einer Gleichheit, die die vor allem in den Städten herrschende schlechte Gleichheit abschaffen würde: »Familienhäuser mit zehn, zwanzig, hundert Parteien! Eine jede kocht tagtäglich auf dem eigenen Herde dieselbe Suppe. Aus einem Kellerverschlage wird jeder Eimer Kohlen einzeln die Treppen heraufgeschleppt. Jedes Geschirr, jeder Teller wird einzeln gespült und getrocknet; und das in Tagen, wo eine ›kraftsparende Arbeitsmaschine‹ in ein paar Minuten mehrere hundert Teller selbsttätig spülen und trocknen, in ein paar Minuten die ganze Arbeit erledigen kann, zu der Hunderttausende Frauen dauernd ihren halben Arbeitstag verwenden.« Spätestens an diesem Punkt wird offenbar, dass Lessings Kritik des Lärms keine Kritik an der entseelenden Automatisierung des Alltags ist, sondern ein Plädoyer dafür, an die Stelle der entlebendigenden Automatisierung eine solche zu setzen, die das Leben der Menschen zu Muße und Spontaneität befreit.

Deutschland und England

Auf der Suche nach dem Vorschein solcher Möglichkeiten lässt sich Lessing nicht von Ideen eines sozialistischen Kollektivismus leiten, in dem Vertreter beider Geschlechter abwechselnd die Herde schrubben, sondern von Erfahrungen in jenem westeuropäischen Land, das als Wiege des liberalen Individualismus gelten kann: England. Figuriert der Typus des Rüpels, gegen den Lessing in seiner Schrift polemisiert, in gewisser Hinsicht als Gegenbild zum Gentleman – zum sanften Mann, dessen Umgangsformen durch die Spuren der Zivilisation nicht verroht, sondern verfeinert und differenziert worden sind –, so scheinen ihm die

Anmutungen der *unerbetenen Nähe,* wie sie im Lärm somatische Gestalt annehmen, im englischen Lebensalltag in besonders gelungener Weise sublimiert und gedämpft zu sein. Die gepolsterten Wände der englischen Clubs und die getäfelten Wände der Pubs, die durch ihre Wärme beruhigend und lärmdämmend wirken, gelten ihm als Musterbeispiele einer humanen Inneneinrichtung, die Öffentlichkeit und Privatheit, gesellschaftlichen Austausch und glückliche Vereinzelung zugleich ermöglichen. Als Beleg seiner These, »Kultur« sei »Entwicklung zum Schweigen«, schreibt er: »Es ist symbolisch, dass die sicherste und edelste Kultur, die es heute gibt, die Kultur der englischen Gentlemen auch die knappste, schlichteste und leiseste Sprache redet. [...] Die Überlegenheit der stilleren, englischen Kultur, die das ›never interrupt‹ das elfte Gebot genannt hat und in der puritanischen Heiligung des Sonntags einen wahren Segen für Kopfarbeiter schuf, zeigt sich vor allem darin, dass sie die Menschen besser *hören* lehrt. Es ist nicht häufig, dass jugendliche Völker und Menschen an der Kunst der Sprache Mangel leiden. Dagegen mangelt ihnen stets die Kunst des Zuhörens. Bei uns *redet* alles. Am meisten unsere Staatsoberhäupter.«

Mit der Diagnose, gerade in den Schriften Nietzsches, den Lessing verehrte, vermöchten »künftige Geschlechter [...] zu viel Rhetorik und ›Kakozelie‹«, zu viel Misseifer und fehlgelenkte Emphase, zu finden, »um sie als den Ausdruck wahrer kultureller *Reife* schätzen zu können«, attestiert Lessing den Deutschen im Kontrast zur pragmatischen, scheinbar kulturferneren britischen Gesellschaft ein tiefgreifendes Verwestlichungsdefizit. Dass die britische Hauptstadt zur

Entstehungszeit von Lessings Pamphlet – im Vergleich zum halbseiden-kleinbürgerlichen Paris, vom proletarisch-provinziellen Berlin ganz zu schweigen – als der wahre Hort von Kommerz und Laster galt, steht dazu nicht im Widerspruch. Indem er die Fähigkeit zum Schweigen, die er an den Engländern schätzt, als Fähigkeit zum Zuhören bestimmt, macht Lessing vielmehr deutlich, dass ein Verstummen des Lärms, wie er es sich wünscht, ungebundene Lebendigkeit erst ermöglichen würde. Lessings Kampfschrift ist somit das Gegenteil eines Plädoyers für Friedhofsstille oder auch für jene zivilgesellschaftliche Nachbarschaftsbeobachtung, die in Deutschland in Stadt und Land sicherstellt, dass jede Regung individuellen Lebens im Keim erstickt wird, während die Rüpel lärmen dürfen, ohne Sanktionen zu fürchten.

Eher ist sie ein Plädoyer für die Aufrechterhaltung der feinen Distanzen, für die Milderung schroffer Kontraste und schreiender Gegensätze, die sich mit England kaum zufällig jene westliche Nation zum Vorbild gewählt hat, in der sich gesellschaftliche Vermittlung besonders früh, und nicht oktroyiert durch den Staat, sondern sich entfaltend durch den Markt, durchsetzen konnte. Dass solch sozioökonomische Differenzen sich auch habituell und somatisch bis in die Verästelungen der Alltagsgestik niederschlagen, vermag Lessings mimetische Kritik zu zeigen. Im Gegensatz zu heutigen Lärmschützern geht es ihm nicht um Messung von Quantitäten, sondern um Bestimmung qualitativer Nuancen. In manch englischem Pub mag es lauter zugehen als in der lautesten deutschen Eck- oder Szenekneipe – dass es dort aber *anders* lärmt als im Land der Pathetiker und Authentiker, das dürfte neben dem

Antisemitismus, jener dem Lärmrüpel adäquaten Wahnform, der der am 31. August 1933 von Nationalsozialisten ermordete Lessing schließlich selbst zum Opfer fiel, ein gewichtiger Grund dafür gewesen sein, dass sich der Lebensphilosoph an der Schwelle der Moderne für die Nation der Händler statt für das Volk der Schöpfer entschieden hatte.

Magnus Klaue

RUHE DURCH RECHT

Theodor Lessings Lärm-Kampfschrift im rechtshistorischen Kontext

Lessings Lamento

Theodor Lessing wollte sein Recht verfolgen, aber er fühlte sich vom Recht verfolgt. Er wollte in Ruhe gelassen werden, aber das Recht ließ nur diejenigen in Ruhe, die ihn nicht in Ruhe ließen. Lessing verzweifelte laut am Recht, weil das Recht im Zweifel immer aufseiten der Lauten war. Er hatte keine hohe Meinung von Gesetzen und Gerichten, war aber immer wieder aufs Neue enttäuscht, wenn Gesetze und Gerichte sich seiner Meinung nicht anschlossen. Im *Lärm* und im *Anti-Rüpel*[1] belegte er seine enttäuschte Hassliebe zum Recht mit vielen Beispielen aus Gesetzen und Gerichtsentscheidungen. Die gesetzlichen Definitionen von erlaubtem und verbotenem Lärm waren ihm zu unbestimmt. Umso weniger verstand er die traumwandlerische Sicherheit, mit welcher die Gerichte das Ausmaß des zulässigen Lärms allzu großzügig bestimmten. Soweit Lessings Zitierweise von Gerichtsurteilen einen solchen Schluss zulässt, referierte Lessing, was er vorfand. Man darf ihm zugutehalten, dass er die Aussagen der Gesetzesverfasser und Richter weder verfälschte noch übertrieb noch auch nur missverstand. War Lessing also im Recht?

Die gesetzlichen Grundlagen, die Lessing kritisierte, sind im heutigen bundesdeutschen Recht immer noch erkennbar. Dies ist nur auf den ersten Blick erstaunlich. Das konkrete politische, wirtschaftliche und soziale Umfeld ist zwar sehr verändert, doch das abstrakte Regelungsproblem ist geblieben. Immer mehr Menschen leben in immer größeren Städten, drängen einander immer unausweichlicher ihre Aktivitäten und damit ihren Lärm auf. Landflucht ist nur ein scheinbarer Ausweg in eine trügerische Ruhe; Hähne, Hühner, Hofhunde und Heuernte sind allüberall. Jeder soll frei sein, zu tun und zu lassen, was er will. Dies impliziert den Willen, nicht zu wollen, was ein anderer will. Alle wollen Wohlstand, Exportweltmeister wollen Industriearbeitsplätze, Bürgermeister wollen Gewerbesteuereinnahmen und Mega-Events, Zivilisationskritiker wollen zurück zur Natur. Gesetzesverfasser und Gerichte sind Schiedsrichter in allen Konflikten, die Menschen nicht selbst lösen oder noch besser von vornherein vermeiden. Vor allem Letzteres tun sie höchst selten, und es ist illusorisch, von der menschengemachten Jurisprudenz sehr viel mehr Rechtsklugheit zu erwarten als von den Menschen, die unklugerweise Rechtskonflikte verursachen. Deshalb haben sich die Konflikte und deren Lösungen kaum verändert.

Ruheloses Recht

In allen drei großen Rechtsgebieten – Strafrecht, Öffentliches Recht, Privatrecht – identifizierte Lessing Paragraphen, die eigentlich wie für ihn gemacht schienen. Das Strafrecht verbot, ruhestörenden Lärm zu erzeugen und groben Unfug zu treiben. Das Öffentliche Recht unterwarf gewerbliche Anlagen einem behördlichen Genehmigungsverfahren. Das Privatrecht erlaubte dem Eigentümer, mit seinem Eigentum nach Herzenslust zu verfahren, aber auch, das Eigentum gegen die Launen anderer zu schützen.

Dennoch kam in Gerichtsverfahren bis hin zum Reichsgericht nicht das heraus, was Lessing wollte. Das

Strafrecht ließ die lärmenden Straftäter laufen, das Öffentliche Recht half der lärmenden Industrie und dem lärmenden Handwerk, und auch das Privatrecht stellte die Eigentümer lärmender Industrie- und Handwerksbetriebe über die Eigentümer privater Ruhezonen. Warum eigentlich?

Ungebührlicher Unfug

Ruhestörender Lärm und grober Unfug waren zwei Tatbestände des Reichsstrafgesetzbuchs von 1871, die für Lessing nicht zusammengehörten, aber in einer gemeinsamen Strafnorm »zusammen[ge]schweißt« worden waren: »Mit Geldstrafe bis zu fünfzig Thalern oder mit Haft wird bestraft [...], wer ungebührlicherweise ruhestörenden Lärm erregt oder wer groben Unfug verübt«.[2] Nützlich war dieser Paragraph laut Lessing in keiner Weise, vielmehr »willkürlich, unbestimmt, praktisch unbrauchbar. [...] Gegen Lärm [...] bietet er überhaupt keine Handhabe, oder nur eine so schwache, dass ich jeden warne, aufgrund des Strafgesetzes zu klagen.« Was ein Gericht für ungebührlichen Lärm oder groben Unfug halten würde, war angesichts der inhaltsarmen Tatbestandsvoraussetzungen – was ist ungebührlich? was ist Lärm? was ist grob? was ist Unfug? – so unvorhersehbar, dass die darauf gestützten Gerichtsentscheidungen auf Lessing nur erratisch wirken konnten. Das Strafrecht, für juristische Laien oft das intuitiv am leichtesten zugängliche Rechtsgebiet, gab Lessing die größten Rätsel auf.

Wie Lessing richtig erkannte, ging die Vorschrift des Reichsstrafgesetzbuchs unmittelbar auf das preußische Strafgesetzbuch von 1851[3] zurück. Bei dessen

Redaktion – auch hiermit hatte Lessing recht – wurde erwogen, beides voneinander zu trennen, also den ruhestörenden Lärm für sich stehen zu lassen.[4] Lessing nahm an, dass die zwischenzeitlich verworfene, zuletzt aber doch erfolgte Verbindung von Lärm und Unfug in einer gemeinsamen Vorschrift[5] »zu dem widerwärtigsten Kuddelmuddel geführt« habe. Folgt man Lessing, so hatte der im Gesetz eher grob orchestrierte Unfug den richterlichen Sinn für strafbaren Lärm ertauben lassen, sodass lärmempfindliche Naturen wie Lessing vor Gericht buchstäblich kein rechtliches Gehör mehr fanden. Lessing kritisierte hier unausgesprochen das, was Juristen »systematische Auslegung« nennen, nämlich das Bestreben, Normen im Zusammenhang zu interpretieren. Lärm und Unfug seien als aufeinander bezogene Tatbestände zu verstehen, »will man überhaupt den Begriff ›Unfug‹ irgendwie bestimmen«, was das Reichsgericht versuchte: »In gleicher Weise, wie ungebührlicher Lärm durch den Gehörssinn auf das Empfindungsleben beunruhigend und belästigend einwirkt, soll jede andere ähnliche Art störender Einwirkung auf das Publikum, ohne Beschränkung auf die durch das Ohr vermittelten Eindrücke, als ›grober Unfug‹ verboten sein.«[6]

Tatsächlich hatten die Verfasser des preußischen Strafgesetzbuchs sich aber an einem älteren Vorbild orientiert, nämlich dem preußischen Allgemeinen Landrecht von 1794. Dieses ließ »[m]uthwillige Buben [...] mit verhältnißmäßigem Gefängnisse, körperlicher Züchtigung, oder Zuchthausstrafe« bestrafen, »welche auf den Straßen, oder sonst, Unruhe erregen, oder grobe Unsittlichkeiten verüben«.[7] Bei den Beratungen über das preußische Strafgesetzbuch ein halbes Jahrhundert später wertete man die »öffentliches Aergerniß« erregende »Verletzung der Schamhaftigkeit« zu einer echten Strafvorschrift innerhalb der Verbrechen und Vergehen auf, die das Strafrecht repressiv ahndete.[8] Im Allgemeinen Landrecht waren dagegen »Unruhe« und »Unsittlichkeit« unter den »Vorbeugungsmitteln« aufgezählt, also unter den Rechtsnormen, die dazu dienten, präventiv etwaigen gefährlichen Eskalationen eines für sich genommen nicht strafwürdigen Verhaltens entgegenzuwirken. Vorgebeugt werden sollte einem öffentlichen Aufruhr, der aus Unruhe und Unsittlichkeit – Lärm und Unfug – leicht entstehen konnte. Lessing hätte hierbei vielleicht an die Prügelszene aus den *Meistersingern* gedacht. Von diesem eng begrenzten Zweck – nicht die private Stille, sondern die öffentliche Ordnung sei zu schützen – rückte man in der Gesetzgebung des 19. Jahrhunderts kaum ab, jedenfalls nicht so weit, dass die Gerichte die Vorschrift entsprechend weiter ausgelegt hätten. Diskutiert (aber abgelehnt) wurde eine Begrenzung auf nächtliche Ruhestörung[9] – Prügelszenen konnten sich nicht nur in der Johannisnacht, sondern auch an einem beliebigen, hellichten Tag abspielen. Da keine Einigung erzielt wurde, ob eine »Verletzung der Schamhaftigkeit« ausdrücklich zu den »Verbrechen und Vergehen gegen die Sittlichkeit« gezählt oder lediglich unter den »Uebertretungen in Beziehung auf die Sicherheit des Staates und die öffentliche Ordnung« erfasst werden sollte,[10] regelte man kurzerhand beides, sodass minder schwere Formen einer »Verletzung der Schamhaftigkeit« als »grober Unfug« dem »ruhestörenden Lärm« an die Seite gestellt wurden, sodass der eine Tatbestand den anderen beeinflusste, auch wenn dies von den Gesetzesverfassern nicht beabsichtigt war. So kam es zu dem von Lessing gerügten »widerwärtigsten Kuddelmuddel«. Als Preußen dann erst den Norddeutschen Bund und dann das wilhelminische Kaiserreich inaugurierte, war für den hier interessierenden Paragraphen nur noch umstritten, ob es einer bundes- und reichseinheitlichen Vorschrift für »Uebertretungen« bedürfe, die ebenso gut der Polizeigewalt der Städte und Einzelterritorien unterstellt werden könnten.[11]

Kurz bevor Lessing den *Lärm* schrieb und mit dem *Anti-Rüpel* ein überaus lautstarkes publizistisches Dezibel-Messgerät installierte, bekam er aus der Rechtswissenschaft – von ihm überhört – gar nicht so leisen Zuspruch. Der berühmte (und für seine Billigung der »Euthanasie« berüchtigte) Leipziger Strafrechtsprofessor Karl Binding entdeckte das Individuum als schutzwürdiges Opfer des ruhestörenden Lärms: »Das Ruhebedürfnis des oder der Menschen bildet das Angriffsobjekt. Ruhe und Schlaf sind nicht identisch. Die Nachtruhe ist nur ein Anwendungsfall der Ruhe. Wie vieler Menschen Ruhe gefährdet wird, ist gleichgültig. Auch der verfällt dem § 360 n. 11, der vor einsamem Hause brüllt, um die Ruhe seines einzigen Bewohners zu stören.«[12] Der weniger berühmte Greifswalder Professor Eduard Hubrich, eigentlich ein Staats- und Kirchenrechtler, versuchte anhand der Gesetzgebungsgeschichte minutiös nachzuweisen, dass schon das preußische Strafgesetzbuch nicht mehr allein öffentliche, sondern auch private Interessen anerkannte, die eine Bestrafung des ruhestörenden Lärms rechtfertigten.[13] Der Jurist, Operettenlibrettist und Dichter Hermann Beuttenmüller veröffentlichte im Erscheinungsjahr des *Lärm*-Buchs seine Lessing aus dem Herzen geschriebene Dissertation über den »rechtliche[n] Schutz des Gehörs«, wobei er in allen von Lessing zitierten Rechtsvorschriften (und darüber hinaus) eine genügende rechtliche Handhabe gegen den Lärm fand, die leider von Behörden und Gerichten ungenügend genutzt werde.[14] Beuttenmüllers Rezensent, der Würzburger Staats- und Verwaltungsrechtler Robert Piloty, forderte ganz im Einklang mit Lessing einen »Musikparagraphen« gegen den »grobe[n] und doch weitverbreitete[n] Irrtum, [...] daß jede Art Benützung sog. musikalischer Instrumente oder tonerzeugender menschlicher Leibesorgane den Anspruch habe, als Musik bezeichnet zu werden«.[15] Für Lessings aktive Anti-Lärm-Zeit kamen diese Stimmen aber zu spät. Seinerzeit waren sie ohnehin nicht laut genug, um sich durchzusetzen.

Immense Immissionen

Die Gewerbeordnung für den Norddeutschen Bund von 1869[16] schränkte die allgemeine Gewerbefreiheit dahingehend ein, dass »Anlagen, welche durch die örtliche Lage oder die Beschaffenheit der Betriebsstätte für die Besitzer oder Bewohner der benachbarten Grundstücke oder für das Publikum überhaupt erhebliche Nachtheile, Gefahren oder Belästigungen herbeiführen« könnten, nur auf entsprechenden Antrag hin behördlich genehmigt werden konnten. Speziell die »Errichtung oder Verlegung solcher Anlagen, deren Betrieb mit ungewöhnlichem Geräusch verbunden ist«, musste, sofern sie nicht schon aus anderen Gründen einer Genehmigung bedurfte, »der Ortspolizei-Behörde angezeigt werden«. Diese hatte, »wenn in der Nähe der gewählten Betriebsstätte Kirchen, Schulen oder andere öffentliche Gebäude, Krankenhäuser oder Heilanstalten vorhanden sind, deren bestimmungsmäßige Benutzung durch den Gewerbebetrieb auf dieser Stelle eine erhebliche Störung erleiden würde, die Entscheidung der höheren Verwaltungsbehörde darüber einzuholen, ob die Ausübung des Gewerbes an der gewählten Betriebsstätte zu untersagen oder nur unter Bedingungen zu gestatten sei«. Nur bestimmte privilegierte Anrainer waren also um ihrer selbst willen gegen Lärm geschützt. Sonstige Nachbarn konnten Einwendungen vorbringen, jedoch nur innerhalb einer extrem kurzen Ausschlussfrist, die zum Unternehmerschutz von vier Wochen auf vierzehn Tage verringert worden war.[17] Wer die Publikation der Planungen übersah, konnte den von der Betriebsstätte ausgehenden Lärm künftig nicht mehr überhören, da er »einer mit obrigkeitlicher Genehmigung errichteten gewerblichen Anlage gegenüber niemals auf Einstellung des Gewerbebetriebes« klagen konnte, »sondern nur auf Herstellung von Einrichtungen, welche die benachtheiligende Einwirkung ausschließen, oder, wo solche Einrichtungen unthunlich oder mit einem gehörigen Betriebe des Gewerbes unvereinbar sind, auf Schadloshaltung«.

Erfolgte keine Abhilfe, konnte der gestörte Nachbar also bestenfalls eine Art Ohrenschmerzensgeld beanspruchen. Als besonders misslich empfand Lessing, dass die Lärmlage sich ständig verändern konnte. Wer in die Stille zog, musste darauf gefasst sein, dass es mit dieser jederzeit zu Ende sein konnte. Die Maßstäbe, nach denen eine Anlage genehmigt wurde, waren hinreichend unpräzise, um der Genehmigungsbehörde so viel Ermessen zu geben, dass ein Nachbar kaum prognostizieren konnte, wer oder was in seiner Nachbarschaft als nächstes den Betrieb aufnehmen werde. Lessings Grundproblem blieb ohnehin ungelöst – sein Sensorium stimmte nicht notwendig mit demjenigen der Behörde überein: »Ein Verwaltungsbeamter prüft nach, ob der Lärm, der *meinem* Gehirn angeblich die Arbeit erschwert, auch *seinem* Gehirn das Denken unmöglich machen würde (was aber in der Regel *nicht* der Fall sein wird).«

Schon der Gesetzgeber der Gewerbeordnung von 1869 hatte alles getan, um das vom damaligen öffentlichen Recht geförderte Ergebnis – Freiheit für Industrie und Handwerk – nicht durch das Privatrecht konterkarieren zu lassen. Als der Entwurf der Gewerbeordnung dem Reichstag vorgelegt wurde,[18] fanden sich in allen Staaten des Norddeutschen Bundes ähnliche Vorschriften zur Genehmigungsbedürftigkeit gewerblicher Anlagen. Dass dies gerechtfertigt sei, stand außer Frage: »Ueber die Nothwendigkeit, im Interesse der Sicherung des Publikums gegen Belästigungen und nachtheilige Einflüsse, sowie im Interesse der aufrecht zu erhaltenden Möglichkeit städtischen Zusammenlebens Vorkehrungen zu treffen, darf allgemeines Einverständniß vorausgesetzt werden.« Die bundeseinheitliche Regelung wurde aber nicht mit dem Schutz vor Belästigungen gerechtfertigt, sondern im Gegenteil damit, »daß es im Interesse der Gewerbetreibenden liegt, dadurch, daß vor der Errichtung der Anlagen im Wege eines geordneten Verfahrens eine Prüfung der Einwendungen und Beschwerden erfolgt, gegen nachträgliche Beschwerden und Auflagen gesichert zu sein«. Deshalb sei »die Erledigung aller Einwendungen nicht privatrechtlicher Natur [...] aus der besonderen Bestimmung der Anlage

[...], mögen dieselben vom Nachbar oder von der Behörde ausgehen, *vor* der Errichtung der Anlage herbeizuführen und [...] unter Herstellung eines geordneten Instanzenzuges mit präklusiven Fristen mit der Maßgabe zum Abschluß zu bringen, daß, so lange die Anlage unverändert bleibt, auch die polizeiliche Genehmigung unverändert aufrecht erhalten wird«.

Hatten die Entwurfsverfasser privatrechtliche Einwendungen noch als legitimes Hindernis anerkannt, so gab die Reichstagsmehrheit dem Betreiber einer genehmigten Anlage den von Lessing besonders kritisierten Bestandsschutz auch gegen Privatklagen des gestörten Nachbarn, der aufgrund seines Eigentums nur noch Schutzvorkehrungen oder Schadensersatz, nicht aber die Stilllegung der Anlage verlangen konnte.[19] Der nationalliberale Reichstagsabgeordnete Otto Bähr, später Richter an dem von Lessing angegriffenen Reichsgericht, brachte den wirtschaftsliberalen und damit den rechtspolitischen Impetus der Gewerbeordnung auf den Punkt: »Soll das Gewerbe von den Fesseln frei werden, welche dasselbe noch hier und da gefangen halten, so müssen wir auch einen Blick auf das Gebiet des Privatrechts werfen, wo Bestimmungen bestehen, welche bisher störend in den Gewerbebetrieb eingegriffen haben.« Deshalb wollte Bähr alle jene Vorschriften abschaffen, »welche das Recht geben, den Nachbar im Wege der Privatklage zu nöthigen, daß er von dem Gewerbebetriebe abstehe«. So tief wollte man aus Anlass der Beratung der Gewerbeordnung zwar nicht in das Privatrecht eingreifen, zumal hierfür der Norddeutsche Bund gar keine umfassende Gesetzgebungskompetenz hatte. Doch verhinderte Bährs letztlich erfolgreicher Änderungsantrag, dass nach Abschluss der öffentlich-rechtlichen Zulässigkeitsprüfung ein benachbarter Grundstückseigentümer den Gewerbetreibenden noch durch eine privatrechtliche Klage, die von Lessing viel erwähnte »berühmte actio negatoria«, dazu verurteilen lassen konnte, »daß das Gewerbe ganz eingestellt werden muß«. Der Privateigentümer musste hinter dem Gewerbetreibenden zurückstehen. Er musste die Anlage dulden und konnte allenfalls einen nicht vermeidbaren Schaden aus der Wertminderung seines Grundstücks beim Anlagenbetreiber liquidieren. Das gesetzgeberische Vorbild hierfür stammte diesmal nicht aus Preußen, sondern aus Sachsen.[20]

Nicht an der lärmenden Anlage, sondern an der lärmenden Person setzten zwei von Lessing nicht zitierte Vorschriften der Gewerbeordnung an, nach denen einer behördlichen Erlaubnis bedurfte, »[w]er gewerbsmäßig Singspiele, Gesangs- und deklamatorische Vorträge, Schaustellungen von Personen oder theatralische Vorstellungen, [...] in seinen Wirthschafts- oder sonstigen Räumen öffentlich veranstalten oder zu deren öffentlicher Veranstaltung seine Räume benutzen lassen will«, ebenso »[w]er gewerbsmäßig Musikaufführungen, Schaustellungen, theatralische Vorstellungen oder sonstige Lustbarkeiten, [...] von Haus zu Haus oder auf öffentlichen Wegen, Straßen, Plätzen darbieten will«, jeweils »ohne daß ein höheres Interesse der Kunst oder Wissenschaft dabei obwaltet«.[21] Dieser Kampf gegen das »Tingeltangel«[22] entsprach eigentlich Lessings bildungsbürgerlichem Habitus, doch mag der Erlaubniszwang keine allzu hohe Hürde aufgestellt haben, und die von Lessing verachtete privatlaienhafte Hausmusik wurde dadurch ohnehin nicht verhindert.

Bürgerliche Befugnisse

Was das öffentliche Recht an Lärm erlaubt, lässt sich kaum noch durch das Strafrecht[23], ebenso wenig aber durch das Privatrecht eindämmen. Man kann hier zwanglos im Präsens sprechen, weil die Vorschriften des Bürgerlichen Gesetzbuchs (BGB) von 1896, in Kraft seit 1900, sich unter allen von Lessing zitierten Normen am wenigsten verändert haben.[24] Der Eigentümer kann mit seinem Eigentum »nach Belieben verfahren« und umgekehrt »Andere von jeder Einwirkung« auf sein Eigentum »ausschließen«. Fühlt sich der Eigentümer durch einen Anderen gestört, kann er auf Beseitigung oder Unterlassung klagen. Störende Immissionen in sein Eigentum – »die Zuführung von Gasen, Dämpfen, Gerüchen, Rauch, Ruß, Wärme, Geräusch, Erschütterungen und ähnliche von einem anderen Grundstück ausgehende Einwirkungen« – muss der Eigentümer aber dulden, wenn »die Einwirkung die Benutzung seines Grundstücks nicht oder nur unwesentlich beeinträchtigt oder durch eine Benutzung des anderen Grundstücks herbeigeführt wird, die nach den örtlichen Verhältnissen bei Grundstücken dieser Lage gewöhnlich ist«. »Gefahrdrohende Anlagen« kann der Nachbar privatrechtlich nur untersagen lassen, wenn eine »unzulässige Einwirkung« auf das Grundstück »mit Sicherheit vorauszusehen ist« oder, falls die Anlage »den landesgesetzlichen Vorschriften genügt« und deshalb behördlich genehmigt worden ist, »wenn die unzulässige Einwirkung thatsächlich hervortritt«. Wer erlaubterweise stört, wird nicht wegen fahrlässiger oder gar vorsätzlicher Schädigung zu belangen sein, es sei denn, grundsätzlich erlaubter Lärm wird schikanös eingesetzt.

Die Verfasser des BGB hatten nach Inkrafttreten der Gewerbeordnung hypothetisch fast zwei Jahrzehnte Zeit, um die Machtverhältnisse zwischen Privatrecht und Öffentlichem Recht umzukehren. Das BGB folgte in vielerlei Hinsicht dem »gemeinen Recht«, also dem seit dem Mittelalter auch nördlich der Alpen rezipierten spätantiken römischen Recht, welches in vielen Teilen Deutschlands bis zum BGB von 1900 galt. Sonst ein klischeehafter Inbegriff liberalen Rechts, war das gemeine Recht bei den Beratungen zur Gewerbeordnung massiv in Verruf gebracht worden, weil es die falsche Freiheit schütze, nämlich die Freiheit des Nachbarn und nicht diejenige des Unternehmers. Es seien »Fälle vorgekommen, in denen auf der einen Seite ein Werthobjekt von 10 Thalern in Frage stand, auf der anderen Seite aber ein ganzes Fabriketablissement, welches Tausende von Arbeitern beschäftigt«. Um die »Beschädigung von 10 Thalern jährlichem Werth« auszugleichen, habe sich der »Hilflosigkeit des Römischen Rechtes, welches auf dem uranfänglichen Standpunkte des Gewerbebetriebes der damaligen Zeit stehen geblieben ist«, »kein anderes Mittel« geboten, »als indem es dem betreffenden Beschädiger verbot, überhaupt [...] seine Fabrik weiter zu betreiben«. Den nationalliberalen Reichstagsabgeordneten von 1869 war es gelungen, diese »äußerste Konsequenz [...] aus dem Begriffe des Eigenthums hinweg[zu] streichen«.[25] Wenige Jahre später war es deshalb für die beiden vom Bundesrat eingesetzten Kommissionen zur Beratung des BGB nahezu undenkbar, die 1869 durchgesetzte gewerberechtliche Lösung spürbar einzuschränken oder gar abzuschaffen.

Der »Redaktor« des BGB-Sachenrechts Reinhold Johow beurteilte zwar »Einwirkungen auf das Nachbargrundstück« in Gestalt von »Rauch-, Wärme-, Erschütterungs-, Geräusch-, Geruch- etc. Mittheilungen« grundsätzlich als einen »Fall, in welchem die Quelle für mittelbare nachbarliche Hinüberwirkungen durch ein Verbot zu verstopfen« sei.[26] Aber »der richterliche Einstellungsbefehl« als »der einzige Weg zur Unterdrückung« – es gab insoweit keine »erlaubte Selbsthülfe« – war durch die Gewerbeordnung verschlossen. Hierdurch seien »Hinüberwirkungen thatsächlich frei gegeben, wenn auch noch keineswegs für berechtigt erklärt«. Dass real erlaubt wird, was rechtlich verboten ist, konnte nur ein Jurist begründen: »Die juristische Konstruktion der Bestimmung der Gewerbeordnung geht dahin, daß den gewerblichen Hinüberwirkungen gegenüber die in dem Strafverbote bestehende reprimirende Realexekution, soweit sie den Gewerbebetrieb vereiteln würde, ausgeschlossen und in eine Vermögensexekution umgewandelt wird.« Man versteht Lessings Abneigung gegen Juristen und deren Sprache angesichts eines solchen Satzes, den Johow auch einfacher hätte fassen können: Die verbotene Immission wird vom Gericht nicht verhindert, aber der Verursacher muss dafür bezahlen.

Anders als Johow lehnte es die erste BGB-Kommission sogar ab, die »Mittheilung von Geräuschen« überhaupt »unter privatrechtliches Verbot zu Gunsten des Eigenthümers des von dem Geräusche erreichten Grundstücks zu stellen«. Insoweit sei die »Beschränkung der freien Thätigkeit eines Jeden, sofern dieselbe mit der Erzeugung von Geräusch verbunden sei, [...] äußerst bedenklich, weil sich nicht überblicken lasse, welche Schwierigkeiten ein solches [...] Gesetz für das Privatleben und das Geschäftsleben [...] schaffe«. Dagegen könne die einzelstaatliche und städtische »Polizeigesetzgebung [...] das Bedürfniß einer Abhülfe weit besser übersehen und werde auch den genügenden Schutz gegen übermäßige Belästigungen schon herbeiführen«. Wenigstens hielt es die Kommission für »bedenklich«, im Gesetz »ausdrücklich auszusprechen, die Mittheilung von Geräuschen sei zulässig, [...] weil eine solche Bestimmung Mißverständnisse hervorrufen könne«.[27] Die zweite BGB-Kommission fürchtete dagegen eher einen geräuschvoll-rechtsfreien Raum, da es nicht Aufgabe der Polizeigesetzgebung sei, »im Privatinteresse des einzelnen Eigenthümers einzugreifen«, und stellte die »Geräusche« als »Erschütterungen der Luft« den »Erschütterungen des Bodens« an die Seite.[28]

Ganz im Sinne des industriellen Bestandsschutzes argumentierte die erste BGB-Kommission mit Blick auf die »Errichtung störender Anlagen in der Nähe der Grenze«, dass die »bloße Besorgniß, also die Möglichkeit unstatthafter Einwirkung«, für eine Untersagung der Anlage nicht genüge, »weil sonst die Gefahr nahe liege, daß der Unternehmer der Anlage in der rechtmäßigen Benutzung seines Grundstücks ungebührlich beschränkt werde«.[29] Bereits Johow erkannte darüber hinaus ohne eine eigentliche Begründung das »Bedürfniß« an, den von der Gewerbeordnung nicht erfassten »Gewerbebetrieb der Eisenbahnunternehmungen [...] gegen negatorische Klagen der benachtheiligten Grundbesitzer, soweit sie sich auf Einstellung des Gewerbebetriebes richten, zu schützen«. Damit nicht genug: »Bei konzessionirten Dampfschifffahrtsunternehmungen liegt es im Wesentlichen ebenso.« Johows Vorschlag wurde zwar aus dem BGB gestrichen, weil der Privatrechtsgesetzgeber nun umgekehrt nicht ins Gewerberecht eingreifen wollte. Doch ließ das Einführungsgesetz zum Bürgerlichen Gesetzbuch diejenigen »landesgesetzlichen Vorschriften« unberührt, welche den gewerberechtlichen Bestandsschutz »auf Eisenbahn-, Dampfschifffahrts- und ähnliche Verkehrsunternehmungen erstrecken«.[30] Man hört Lessing geradezu aufstöhnen: »Ein Bahnzug fährt über die eiserne Brücke. Quer über unser schmerzendes Haupt, quer durch unsere besten Gedanken.« Und ergänzen, »dass erst das Kraftfahrzeug die beispiellose Vernüchterung und Verrohung des reisenden Menschen vollendet und jenen letzten Rest von Ritterlichkeit und Anstand aus dem Verkehrsleben heraustreibt, den das Zeitalter der Eisenbahn und des Dampfschiffes etwa noch übrig gelassen hat«.

Den allerletzten Rest gab Lessing die Redaktionskommission der zweiten BGB-Kommission: »Der Anspruch des Eigenthümers ist ausgeschlossen, wenn der Thäter dem Eigenthümer gegenüber zur Vornahme berechtigt war.«[31] Berechtigt war, wer eine genehmigte Anlage betrieb. In der Gesetzesfassung wurde dann der Beseitigungs- oder Unterlassungsanspruch des Eigentümers »ausgeschlossen, wenn der Eigenthümer zur Duldung verpflichtet ist«. Damit hatte sich Lessings Ziel, den Lärm abzustellen, als illusorisch erwiesen. Was zu dulden ist, lässt sich weder beseitigen noch untersagen. Lessing konnte nur noch resignieren: »[D]ieses alles sind Truggebilde, sind ganz leere Hoffnungen. Auch alle diese Paragraphen werden mich in der Regel vollständig schutzlos lassen.«

Nachhaltige Nachwelt

Nicht überraschend schränkte das entstehende Umweltrecht im 20. Jahrhundert die Freiheit akustischer Umweltverschmutzer ein, wenn auch nicht so, wie Lessing sich das wünschte. Das Recht der genehmigungsbedürftigen Anlagen zog um – von der Gewerbeordnung in das Bundes-Immissionsschutzgesetz.[32] Die von Lessing umfassend (herab-)gewürdigten Normen der Gewerbeordnung blieben der Sache nach in Kraft. Immerhin kann seither die zuständige Behörde durch »Nachträgliche Anordnungen« dafür sorgen, dass der Anlagenbetreiber seine immissionsrechtlichen Pflichten erfüllt. Dies galt jedoch nicht, wenn eine solche Anordnung »wirtschaftlich nicht vertretbar« oder »nach dem Stand der Technik nicht erfüllbar« war; die heute geltende abstraktere Fassung untersagt eine nachträgliche Anordnung, »wenn sie unverhältnismäßig ist«.[33] Die neue gesetzliche Adresse im Bundes-Immissionsschutzgesetz brachte zumindest ein neues Regel-Ausnahme-Verhältnis. Ausgangspunkt ist nicht mehr die Gewerbefreiheit der Betreiber eigentlich erwünschter, wenngleich zu prüfender Anlagen, sondern deren Störpotenzial. Seit 2005 ist eine »Lärmminderungsplanung« möglich »für den Umgebungslärm, dem Menschen insbesondere in bebauten Gebieten, in öffentlichen Parks oder anderen ruhigen Gebieten eines Ballungsraums, in ruhigen Gebieten auf dem Land, in der Umgebung von Schulgebäuden, Krankenhäusern und anderen lärmempfindlichen Gebäuden und Gebieten ausgesetzt sind«, jedoch »nicht für Lärm, der von der davon betroffenen Person selbst oder durch Tätigkeiten innerhalb von Wohnungen verursacht wird, für Nachbarschaftslärm, Lärm am Arbeitsplatz, in Verkehrsmitteln oder Lärm, der auf militärische Tätigkeiten in militärischen Gebieten zurückzuführen ist«.[34] Für nahezu jede größere Infrastrukturmaßnahme, etwa die besonders lärmintensiven Flughäfen, ist vorab ein »Planfeststellungsverfahren« mit einem aufwändigen »Anhörungsverfahren« durchzuführen.[35] Neue oder erweiterte Störquellen dürfen also nach wie vor nur nach Prüfung rechtzeitiger Einwendungen Betroffener zugelassen werden – was nicht heißt, dass anschließend alle Betroffenen und deren Lebensräume beruhigt sind.

Bereits 1968 hatte die »Technische Anleitung zum Schutz gegen Lärm« (TA Lärm), eine Verwaltungsvorschrift, verbindliche Richtwerte für Immissionen aufgestellt, die der Rechtsanwendung mehr Rechtssicherheit bringen sollten.[36] Die Dezibelwerte der TA Lärm differenzieren nach der Eigenart des jeweiligen Immissionsortes, innerhalb dessen sich die Anlage befindet. Die Immissionsorte der TA Lärm entsprechen weitgehend den Baugebieten der Baunutzungsverordnung von 1962.[37] Laut sein darf es in Industrie- und Gewerbegebieten, leise sein muss es in reinen Wohn- und Kurgebieten sowie in Krankenhäusern und Pflegeeinrichtungen. Für »urbane Gebiete«, Lessings wichtigsten Untersuchungsgegenstand, liegen die Grenzwerte heute kaum unter denjenigen für Gewerbegebiete. Urbanes Leben ist lautes Leben, Lessing zum Leid. Der Konflikt ist unvermeidlich, denn »[u]rbane Gebiete dienen dem Wohnen sowie der Unterbringung von Gewerbebetrieben und sozialen, kulturellen und anderen Einrichtungen, die die Wohnnutzung nicht wesentlich stören«.[38] Es kommt halt darauf an, wessen Störempfinden wesentlich ist. Die Baunutzungsverordnung zementiert bei alledem keineswegs den einmal bestehenden Zustand. Zwar trennt sie die Baugebiete voneinander, sodass man nicht damit rechnen muss, dass eine Industrieanlage in einem Wohngebiet entsteht. Wer aber ein Haus in ruhiger Lage findet, hat keinen Anspruch darauf, dass die Lage immer ruhig bleibt. »Reine Wohngebiete dienen ausschließlich dem Wohnen« sagt(e) die Baunutzungsverordnung (wobei das Wort »ausschließlich« 1990 entfallen ist).[39] Aber dass die Bebauung »nachverdichtet« wird, dass neue Häuser an das eigene heranrücken und mit ihnen die lärmenden Nachbarn, davor schützt das Recht nicht, soweit die Abstandsvorschriften nach der jeweiligen Landesbauordnung eingehalten werden. Neben »reinen Wohngebieten« gibt es außerdem »Allgemeine Wohngebiete«, die zwar »vorwiegend dem Wohnen« dienen, aber etwa »Schank- und Speisewirtschaften« zulassen, die immer wieder zu Streit in der städtischen Nachbarschaft führen. Hausordnungen für Mietwohnungen und Gemeinschaftsordnungen für Eigentumswohnungen regeln unter unmittelbaren Nachbarn innerhalb eines Hauses, wer wann womit wie laut sein darf. Aber auch hiernach können »Gehirnkulis« nicht den Schutz vor Lärm beanspruchen, den Lessing für sie forderte.

Die zivilrechtliche Zulässigkeit einer ortsüblichen Grundstücksnutzung wurde zu Wirtschaftswunderzeiten 1960 in zweifacher Hinsicht relativiert. Wird ein Grundstück »durch eine ortsübliche Nutzung des anderen Grundstücks« wesentlich beeinträchtigt, so muss der gestörte Eigentümer dies dulden, soweit die Beeinträchtigung »nicht durch Maßnahmen verhindert werden kann, die Benutzern dieser Art wirtschaftlich zumutbar sind«. Was der Eigentümer erdulden muss, bringt ihm einen Anspruch auf »angemessenen Ausgleich in Geld«, wenn die ortsübliche Nutzung oder der Ertrag seines eigenen Grundstücks »über das zumutbare Maß hinaus beeinträchtigt« sind.[40] Als die Landschaften nach der Wiedervereinigung nicht wie erhofft blühten, wurde der Begriff der »unwesentlichen« und deshalb hinzunehmenden Beeinträchtigung des eigenen Grundstücks stärker mit dem Immissionsschutzrecht synchronisiert. Hiernach ist es Eigentümern privatrechtlich verwehrt, störende wirtschaftliche Aktivitäten von Nachbarn zu unterbinden, wenn die Größenordnung entsprechender Immissionen bereits gesetzlich oder behördlich als unbedenklich anerkannt worden ist und die entsprechenden Grenzwerte eingehalten werden.[41] Die allgemeine Befugnis des Eigentümers, mit dem Eigentum nach Belieben zu verfahren, wurde 1990 um einen Absatz ergänzt, der den Eigentümer eines Tieres dazu verpflichtet, den Tierschutz zu beachten.[42] Über den Schutz vor Tierlärm schweigt der Paragraph sich weiterhin aus.

Gesundheitsgefährdende Lärmemissionen stehen seit 1994 unter Strafe.[43] Ruhestörender Lärm und grober Unfug wurden dagegen bereits 1975 zu bloßen Ordnungswidrigkeiten herabgestuft, zumindest aber entsprechend Lessings Forderung auf zwei verschiedene Paragraphen verteilt.[44] »Ordnungswidrig handelt« nun also, »wer ohne berechtigten Anlaß oder in einem unzulässigen oder nach den Umständen vermeidbaren Ausmaß Lärm erregt, der geeignet ist, die Allgemeinheit oder die Nachbarschaft erheblich zu belästigen oder die Gesundheit eines anderen zu schädigen.« Ganz im Sinne von Lessing heißt es dazu im führenden Gesetzeskommentar: »Über die *potenzielle Patho-*

genität von Lärmreizen bei überkritischen Schallpegeln besteht seit längerem Einigkeit; in diesem Sinne stellt Lärm jedenfalls einen nicht zu vernachlässigenden Risikofaktor für die psycho-physiologische Gesundheit des Menschen (und wohl auch anderer Lebewesen!) dar [...]. Die neuere Lärmforschung hat bestätigt, dass Einwirkungen durch Lärm die Gesundheit gefährden [...]. Je nach Sachlage und psychischer Reaktion der betroffenen Personen nehmen die vegetativen Wirkungen Stress-Charakter an. [...] Die Entwicklung hat hier im Ergebnis dazu geführt, dass die Anschauungen von einer eher ordnungsrechtlichen zu einer *ökologischen Betrachtungsweise* übergegangen sind [...]. [...] Mit dem Verzicht auf das Merkmal der Ungebührlichkeit, das der Beschreibung eines asozialen Verhaltens diente, erfolgte eine *Verschiebung des Normzwecks* in Richtung auf einen umfassenden, *umweltbezogenen* [...] *Lärmschutz* [...], was der Gesetzgeber gesehen und gebilligt hat [...].«[45] Ein Kurzkommentar bietet dazu ein Potpourri unzulässigen Lärms, an dem Lessing seine Freude gehabt hätte: »[...] nächtliches Gezwitscher von Sittichen; [...] Lärmbelästigung durch Halter eines Kfz, wenn dieser mit erheblichem Lärm verbundene Reparaturen durch einen Handwerker nachts in einer Wohnstraße zulässt; [...] durch Gastwirt, wenn dieser nicht gegen lautes Singen seiner Gäste einschreitet; [...] Hundegebell, [...] wobei hierzu auch Auflagen erteilt werden können; [...] Alltagslärm durch Grölen oder überlaute Musik.«[46]

Lessings Los

Für Lessing war Lärm »ursprünglich nur verfeinertes Faustrecht und die *Rache*, die der mit den Händen arbeitende Teil der Gesellschaft an dem mit dem Kopfe arbeitenden nimmt, dafür dass der ihm *Gesetze* gibt«. Folgt man aber Lessings Analyse dessen, was die Gerichte seiner Zeit aus den zitierten Gesetzen machten, gewinnt man eher den Eindruck, die Gesetze seien eine verfeinerte Vergeltung an den Kopfarbeitern, weil die »Macht des Geistes« das Leben der Handarbeiter »langsam in die leidensreiche Fessel der *Kultur* einschmieden will«, denn »Kultur ist Entwickelung zum Schweigen!« Dieser Kulturkampf in der Form des Rechts musste vergeblich sein, wenn das gelebte Gesetzesrecht keinen Deut besser war als das rächende Faustrecht. Lessing geißelte die ihn umgebenden Gesetze, deren Tatbestände »ungebührliche« Störungen, nach den örtlichen Verhältnissen »gewöhnliche« Nutzungen oder »wesentliche« Beeinträchtigungen zur Voraussetzung hatten, ohne zu sagen, was ungebührlich, gewöhnlich oder wesentlich sei. Für die Abgrenzung von Vorsatz und Fahrlässigkeit, die oft über Freispruch, Verurteilung oder Klageabweisung entscheidet, hatte Lessing nur Verachtung übrig: »Die Begriffswelt dieser ganzen juristischen Streitigkeiten ist vollkommen typisch für die kindische, dilettantische Psychologie und primitive Rechtsphilosophie, aufgrund derer heute eben noch Recht gesprochen wird.«

Vielleicht war es aber auch nur eine ebenso naive wie elitäre Auffassung vom Recht, die Lessing so schroff urteilen ließ, wie bedeutend und treffend sein philosophisches Psychogramm seiner Zeit sonst auch sein mag. Sein kulturpessimistischer Rundumschlag verortete den Lärm in der bürgerlichen Industriegesellschaft, der Grundlage der von Lessing sonst durchaus geschätzten modernen Zivilisation. Deren Lärm war Ausdruck von Mobilität und Wachstum, von Eisenbahnen und Automobilen, von Bergwerken und Fabriken. Nicht weniger Lärm verbreiteten aber (klein-)bürgerliche Vergnügungen wie Hausmusik oder Promenadenkonzerte, verbreiteten proletarische Reinlichkeit wie das Ausklopfen von Betten und Teppichen oder das Ausstauben von Polstermöbeln (was Lessing für unhygienisch hielt). Lessing ätzte gegen die »Bevölkerungsschicht der Aktionäre« ebenso wie gegen »jene, die in den Formen des kleinen Haushaltes leiden und verkümmern«. Gesetzgeber und Gerichte aber sorgten sich – sosehr dies für das wilhelminische Kaiserreich erstaunen mag – um beide, Aktionäre wie Proletarier, und sei es auch nur, um Letztere gegenüber Ersteren von der Revolution abzuhalten.

Zwar wollte auch Lessing »auf möglichst viele Menschen wirken [...,] sie aufrütteln, Gefahren und Mängel des Lebens aufzeigen und Wege zu ihrer Abhilfe und Aufbesserung«. Seine Kritik hätte durchaus universelle Gültigkeit beanspruchen können – wie es sich spätestens in den Siebzigerjahren des 20. Jahrhunderts auch in Gesetzesform zeigte –, wenn er sie denn universell begründet hätte. So beklagte er zwar die »Arbeit in Fabrikhöllen und Schwitzschächten«, die »Kesselmachertaubheit« von Arbeitern einer Kesselfabrik, trauerte um »[s]chnell verbrauchte Bevölkerungen«, die »atmen und sterben im Getobe unermesslich anschwellender Riesenstädte«. Damit kritisierte er aber kaum die unternehmerfreundliche Rechtspolitik, die den rudimentären Arbeitsschutz im BGB oder die gesetzliche Haftpflicht- und Unfallversicherung nicht zuletzt deshalb vorschrieb, um die Arbeitskraft der Proletarier zu erhalten bzw. zumindest für Arbeiterfamilien den Wegfall des Ernährers minimal zu kompensieren. Tatsächlich dachte Lessing vornehmlich an »das Leben aller mit dem Gehirne arbeitender Menschen«, durch das sich eine »nie endende Kette von Qual und Pein« ziehe, »Lärm ein Kampfmittel der im Menschen wirksamen *anti*-intellektuellen Seelenmächte *gegen* die intellektuellen« sei – durchaus mit gewissem Schopenhauer'schen Dünkel gegenüber den Lastentieren der menschlichen Gesellschaft. Er dachte an die »Not, die keiner versteht und die uns niemand nachfühlt«, die Not zu »wissen, dass in uns nie zur Reife kommen wird, was Stille und Einsamkeit, Unabhängigkeit und Ruhe zu seiner Reife *nötig* hätte«, im vergeblichen Ringen, »Sammlung zu erlangen, um ›im Reiche des Unhörbaren‹ Ideen und Stimmungen zu verfolgen«. »Quer über unser schmerzendes Haupt, quer durch unsere besten Gedanken« bahnen sich Geräusche aller Art ihren Weg, nicht nur diejenigen des zitierten Bahnzugs auf der eisernen Brücke. Aber Personen mit »vorzugsweise geistiger Beschäftigung« hatten keinen vorzugsweisen Anspruch auf besondere Ruhe mehr, anders als noch in der Frühen Neuzeit, da »Geschäfte und Handwerke, welche mit großem Geräusch und Lärm verbunden sind, in der Nähe der Wohnung Gelehrter, z.B. Professoren, Advokaten gegen deren Willen nicht ausgeübt werden« durften.[47] Dass die Gerichte partout nicht auf die Nöte des denkenden Standes eingehen wollten und dies auch noch als »normal« und von einem jeden »vernünftigen und redlichen Menschen« erwartet deklarierten, sah Lessing als Verhöhnung seines Metiers: »So viele Worte, so viele Phrase!! Man sage nur klipp und klar, ob die normale Arbeitskraft meines Gehirns für Deutschland ein minder wertvolles Gut ist, als die Saugpumpe im Hofe eines Schnapsbrenners.«

Zufrieden wäre Lessing auch mit dem heutigen Rechtszustand nicht. Dies läge dann aber nicht am Recht, sondern an Lessing. Lessing hatte eine eigenwillige Vorstellung von der Gleichheit vor dem Gesetz. Zwar forderte er für jeden das gesetzliche Recht, gleichermaßen vor solchem Lärm verschont zu werden, der die Arbeitsfähigkeit untergräbt. Wann dies der Fall war, hing aber von der jeweiligen Arbeit und der jeweiligen Person ab. Dabei akzeptierte er keineswegs, dass das Recht in einer pluralen Gesellschaft zwischen verschiedenen, mitunter expressiveren Lebensweisen vermitteln und deshalb typisieren und generalisieren muss. Lessing nahm anders als das Reichsgericht nicht den »normalen Durchschnittsmenschen«, sondern sich und nur sich und allenfalls Kopfarbeiter wie ihn zum Maßstab seiner Selbstgerechtigkeit. Selbstironie gehörte ersichtlich nicht zu seinen Stärken. Sonst hätte er vielleicht das »Ideal« seines Wohnens wie sein Zeitgenosse Kurt Tucholsky definiert: »Eine Villa im Grünen mit großer Terrasse, vorn die Ostsee, hinten die Friedrichstraße; [...] eine Bibliothek und drumherum Einsamkeit und Hummelgesumm«.[48] Einen Rechtsanspruch darauf gibt es bedauerlicherweise bis heute nicht.

Jan Thiessen

Anmerkungen

1. *Der Anti-Rüpel. Monatsblätter zum Kampf gegen Lärm, Roheit und Unkultur im deutschen Wirtschafts-, Handels- und Verkehrsleben*, 3 Jahrgänge 1909–1911.

2. § 360 Abs. 1 Nr. 11 RStGB in der Fassung des Gesetzes, betreffend die Redaktion des Strafgesetzbuches für den Norddeutschen Bund als Strafgesetzbuch für das Deutsche Reich, vom 15. Mai 1871, Reichsgesetzblatt 1871, S. 127–205, 197; identisch mit § 360 Abs. 1 Nr. 11 des Strafgesetzbuchs für den Norddeutschen Bund vom 31. Mai 1870, Bundesgesetzblatt des Norddeutschen Bundes 1870, S. 197–273, 265. Umstellung von 50 Vereinstalern auf 150 Mark durch Art. IV des Gesetzes, betreffend die Abänderung von Bestimmungen des Strafgesetzbuchs für das Deutsche Reich vom 15. Mai 1871 und die Ergänzung desselben vom 26. Februar 1876, Reichsgesetzblatt 1876, S. 25–38, 38; Änderung von »Haft« in »Freiheitsstrafe bis zu sechs Wochen« durch Art. 5 Abs. 3 des Ersten Gesetzes zur Reform des Strafrechts (1. StrRG) vom 25. Juni 1969, Bundesgesetzblatt Teil I 1969, S. 645–682, 657.

3. § 340 Abs. 1 Nr. 9 des Strafgesetzbuchs für die Preußischen Staaten von 1851 vom 14. April 1851, Gesetz-Sammlung für die Königlichen Preußischen Staaten 1851, S. 101–178, 171. Bei der zweiten Alternative wurde in der Fassung von 1870/71 lediglich das Wort »wer« wiederholt.

4. § 220 des Entwurfs des Strafgesetzbuchs für die Preußischen Staaten nach den Beschlüssen des Königlichen Staatsraths, Berlin 1843, in: Strafgesetzbuch für die Preußischen Staaten 1851 mit Entwürfen und Motiven, Goldbach 2004, S. 650, 660; § 312 Abs. 1 Nr. 6 des Entwurfs des Strafgesetzbuchs für die Preußischen Staaten, a. a. O., S. 257, dazu die Motive, a. a. O., S. 347.

5. § 433 des Entwurfs des Strafgesetzbuchs für die Preußischen Staaten etc., Zur Vorlegung an die vereinigten Ständischen Ausschüsse bestimmt, Berlin 1847, in: *Strafgesetzbuch für die Preußischen Staaten 1851 mit Entwürfen und Motiven*, Goldbach 2004, S. 430 f.

6. Reichsgericht, Urteil vom 3. Juni 1889 – Rep. 1156/89 – Entscheidungen des Reichsgerichts in Strafsachen Band 19, S. 294–298, 296: Freispruch eines Journalisten der ›Zittauer Morgen-Zeitung‹ vom Vorwurf einer »Beschimpfung der heiligen zehn Gebote«.

7. Zweyter Theil Zwanzigster Titel § 183 des Allgemeinen Landrechts für die Preußischen Staaten, Publikationspatent vom 5. Februar 1794,

Novum Corpus Constitutionum Prussico-Brandenburgensium Praecipue Marchicarum, Band 9, 1794, S. 1874, unter Verweis auf das Allgemeine Gesetzbuch für die Preußischen Staaten, Publikationspatent vom 20. März 1791, Berlin 1791, Band 1, S. XIX–XII, Band 4, S. 1201.

8. § 150 des Strafgesetzbuchs für die Preußischen Staaten von 1851 vom 14. April 1851, Gesetz-Sammlung für die Königlichen Preußischen Staaten 1851, S. 101–178, 132.

9. Motive zum Entwurf des Strafgesetzbuchs für die Preußischen Staaten und den damit verbundenen Gesetzen vom Jahre 1847, in: Strafgesetzbuch für die Preußischen Staaten 1851 mit Entwürfen und Motiven, Goldbach 2004, S. 606.

10. Ebd., S. 529.

11. Werner Schubert (Hg.), *Entwurf eines Strafgesetzbuches für den Norddeutschen Bund vom Juli 1869 und Motive zu diesem Entwurf*, Frankfurt am Main 1992, S. 308; Werner Schubert (Hg.), *Strafgesetzbuch für den Norddeutschen Bund, Entwurf vom 14.2.1870 (Reichstagsvorlage)*, Frankfurt am Main 1992, S. 86 ff.; Werner Schubert / Thomas Vormbaum (Hg.), *Entstehung des Strafgesetzbuchs, Kommissionsprotokolle und Entwürfe*, Band 1: 1869, Baden-Baden 2002, S. 55, 156, 240, 296, 477, Band 2: 1870, Baden-Baden 2004, S. 29 f., 40 ff., 95, 165, 194, 312.

12. Karl Binding, *Lehrbuch des Gemeinen Deutschen Strafrechts*, Besonderer Teil, Erster Band, 2. Auflage Leipzig 1902, S. 190; ähnlich bereits a.a.O., Erste Hälfte, 1. Auflage Leipzig 1896, S. 90.

13. Eduard Hubrich, »Zur Lehre vom ruhestörenden Lärm und groben Unfug«, in: *Zeitschrift für die gesamte Strafrechtswissenschaft* 30 (1910), S. 680–711.

14. Hermann Beuttenmüller, *Der rechtliche Schutz des Gehörs*, Karlsruhe 1908.

15. Robert Piloty, »Rezension zu Beuttenmüller« (Fn. 14), in: *Archiv des öffentlichen Rechts* 26 (1910), S. 482–483.

16. §§ 16–28 der Gewerbeordnung für den Norddeutschen Bund vom 21. Juni 1869, Bundesgesetzblatt des Norddeutschen Bundes 1869, S. 245–282, 249–252, Zitate aus §§ 26 und 27.

17. Gustav Moritz Kletke, *Gewerbe-Ordnung für den Norddeutschen Bund vom 21. Juni 1869. Nebst dem Entwurf dieses Gesetzes und dessen Motiven so wie den später erlassenen ergänzenden Bekanntmachungen etc. des Bundes-Kanzler-Amtes, so wie den Ausführungs-Anweisungen der Königlich Preußischen Ministerien*, 2. Auflage Berlin 1870, S. 102.

18. Für die folgenden Zitate, soweit nicht anders gekennzeichnet, Kletke (Fn. 17), S. 99 f., 102.

19. Für die folgenden Zitate, soweit nicht anders gekennzeichnet, Stenographische Berichte über die Verhandlungen des Reichstages des Norddeutschen Bundes, I. Legislatur-Periode – Session 1869, Band 1, 15. Sitzung am 9. April 1869, S. 280–282.

20. § 30 des Gewerbegesetzes für das Königreich Sachsen und die damit in Verbindung stehenden Gesetze, Verordnungen und Ausführungsverordnungen vom 15. October 1861, Dresden 1861, S. 13; leicht abgewandelt zitiert im Redebeitrag des Abgeordneten Hermann Weigel, vormals hessischer Kommunalpolitiker und gleichfalls Nationalliberaler, Stenographische Berichte (Fn. 19), S. 282.

21. §§ 33a, 33b der Gewerbeordnung in der Fassung des Gesetzes, betreffend Abänderung der Gewerbeordnung vom 1. Juli 1883, Reichsgesetzblatt 1883, S. 159–176, 160, als Nachfolgevorschriften des auf »Straßen« oder »Umherziehen« beschränkten § 59 der Gewerbeordnung von 1869.

22. Vielgebrauchter Ausdruck in den damaligen Gesetzesberatungen, etwa in: Stenographische Berichte über die Verhandlungen des Reichstages, V. Legislaturperiode, I. Session 1881/82, Band 2, 3. Sitzung vom 5. Mai 1882, Berlin 1882, S. 32.

23. Binding (Fn. 12), 2. Auflage Leipzig 1902, S. 190: »Der ruhestörende Lärm muß ungebührlicherweise erregt worden sein, also unbefugt, insbesondere nicht durch erlaubten Gewerbebetrieb, wol [sic] aber vielleicht durch belästigende Ueberschreitung der Befugnis.«

24. §§ 903, 906, 907, 1004, 823, 826, 226 des Bürgerlichen Gesetzbuchs vom 18. August 1896, Reichsgesetzblatt 1896, S. 195–603, 335, 350 f., 368, Art. 1 des Einführungsgesetzes zum Bürgerlichen Gesetzbuche vom 18. August 1896, Reichsgesetzblatt 1896, S. 604–650, 604.

25. Redebeiträge der Abgeordneten Weigel und Bähr, Stenographische Berichte (Fn. 19).

26. Auch für die folgenden Zitate, soweit nicht anders gekennzeichnet, Reinhold Johow, Entwurf eines bürgerlichen Gesetzbuches für das Deutsche Reich, [3.] Buch: Sachenrecht, Begründung, Vorlage des Redaktors, Erster Band, 1880, S. 622–626, 1005–1007, Nachdruck in: Werner Schubert (Hg.), Die Vorlagen der Redaktoren für die erste Kommission zur Ausarbeitung des Entwurfs eines Bürgerlichen Gesetzbuches, Sachenrecht, Teil 1: Allgemeine Bestimmungen, Besitz und Eigentum, Berlin/New York 1982, S. 746–750, 1139–1141.

27. Zum späteren § 906 BGB Protokoll der 318. Sitzung der ersten BGB-Kommission vom 30. April 1884, abgedruckt in: Horst-Heinrich Jakobs / Werner Schubert (Hg.), *Die Beratung des Bürgerlichen Gesetzbuchs in systematischer Zusammenstellung der unveröffentlichten Quellen*, Sachenrecht I: §§ 854–1017, Berlin/New York 1985, S. 453 f.

28. Protokolle der Kommission für die zweite Lesung des Entwurfs des Bürgerlichen Gesetzbuchs, Band 3: Sachenrecht, Berlin 1899, S. 123 ff.

29. Weitergehend als Johow (Fn. 26) zum späteren § 907 BGB Protokoll der 320. Sitzung der ersten BGB-Kommission vom 5. Mai 1884, in: Jakobs/Schubert (Fn. 27), S. 460.

30. Art. 125 des Einführungsgesetzes zum Bürgerlichen Gesetzbuche vom 18. August 1896, Reichsgesetzblatt 1896, S. 604–650, 633, hierzu Protokoll der 344. Sitzung der ersten BGB-Kommission vom 5. September 1884 und undatierter Beschluss der zweiten BGB-Kommission, in: Jakobs/Schubert (Fn. 27), S. 856 f., 860.

31. Entwurf des späteren § 1004 Abs. 2 BGB, abgedruckt in: Jakobs/Schubert (Fn. 27), S. 862.

32. §§ 4–21 des Gesetzes zum Schutz vor schädlichen Umwelteinwirkungen durch Luftverunreinigungen, Geräusche, Erschütterungen und ähnliche Vorgänge (Bundes-Immissionsschutzgesetz – BImSchG) vom 15. März 1974, Bundesgesetzblatt Teil I 1974, S. 721–743, 724, 726.

33. § 17 Abs. 2 BImSchG in der Fassung von Art. 1 Nr. 4 lit. a des Zweiten Gesetzes zur Änderung des Bundes-Immissionsschutzgesetzes vom 4. Oktober 1985, Bundesgesetzblatt Teil I 1985, S. 1950–1951.

34. § 47a BImSchG in der Fassung von Art. 1 Nr. 4 des Gesetzes zur Umsetzung der EG-Richtlinie über die Bewertung und Bekämpfung von Umgebungslärm vom 24. Juni 2005, Bundesgesetzblatt Teil I 2005, S. 1794–1796, 1794.

35. Geregelt in den seither mehrfach modifizierten §§ 72–78 des Verwaltungsverfahrensgesetz (VwVfG) vom 25. Mai 1976, Bundesgesetzblatt Teil I 1976, S. 1253–1277, 1270–1273; für Flughäfen vorgeschrieben in § 8 Abs. 1 des Luftverkehrsgesetzes in der Fassung des Fünfzehnten Gesetzes zur Änderung des Luftverkehrsgesetzes vom 28. Juni 2016, Bundesgesetzblatt Teil I 2016, S. 1548–1560, 1549.

36. Verwaltungsvorschriften nach § 16 Abs. 3 Satz 2 der Gewerbeordnung, Technische Anleitung zum Schutz gegen Lärm, vom 16. Juli 1968, Beilage zum Bundesanzeiger Nr. 137/1968.

37. §§ 1–15 der Verordnung über die bauliche Nutzung der Grundstücke (Baunutzungsverordnung) vom 26. Juni 1962, Bundesgesetzblatt Teil I 1962, S. 429–434.

38. § 6a Baunutzungsverordnung in der Fassung von Art. 2 Nr. 3 des Gesetzes zur Umsetzung der Richtlinie 2014/52/EU im Städtebaurecht und zur Stärkung des neuen Zusammenlebens in der Stadt vom 4. Mai 2017, Bundesgesetzblatt Teil I 2017, S. 1057–1064, 1058.

39. § 3 Abs. 1 Baunutzungsverordnung in der Fassung von Art. 1 Nr. 3 lit. a der Vierten Verordnung zur Änderung der Baunutzungsverordnung vom 23. Januar 1990, Bundesgesetzblatt Teil I 1990, S. 127–131, 127.

40. § 906 Abs. 2 BGB in der Fassung von Art. 2 des Gesetzes zur Änderung der Gewerbeordnung und Ergänzung des Bürgerlichen Gesetzbuchs vom 22. Dezember 1959, Bundesgesetzblatt Teil I 1959, S. 781–783, 783.

41. § 906 Abs. 1 Satz 2 und 3 in der Fassung von Art. 2 § 4 des Gesetzes zur Änderung sachenrechtlicher Bestimmungen (Sachenrechtsänderungsgesetz – SachenRÄndG) vom 21. September 1994, Bundesgesetzblatt Teil I 1994, S. 2457–2493, 2489 f.

42. Art. 1 Nr. 4 des Gesetzes zur Verbesserung der Rechtsstellung des Tieres im bürgerlichen Recht vom 20. August 1990, Bundesgesetzblatt Teil I 1990, S. 1762–1763, 1762.

43. § 325a StGB in der Fassung von Art. 1 Nr. 9 des Einunddreißigsten Strafrechtsänderungsgesetzes – Zweites Gesetz zur Bekämpfung der Umweltkriminalität vom 27. Juni 1994, Bundesgesetzblatt Teil I 1994, S. 1440–1445, 1441.

44. Art. 19 Nr. 206, 29 Nr. 48 des Einführungsgesetzes zum Strafgesetzbuch (EGStGB) vom 2. März 1974, Bundesgesetzblatt Teil I 1974, S. 469–650, 500, 541; Umstellung der maximalen Geldbuße von 10 000 DM auf 5000 Euro durch Art. 24 Nr. 16 des Gesetzes zur Einführung des Euro in Rechtspflegegesetzen und in Gesetzen des Straf- und Ordnungswidrigkeitenrechts, zur Änderung der Mahnvordruckverordnungen sowie zur Änderung weiterer Gesetze vom 13. Dezember 2001, Bundesgesetzblatt Teil I 2001, S. 3574–3583, 3579.

45. Klaus Rogall, in: Wolfgang Mitsch (Hg.), *Karlsruher Kommentar zum Gesetz über Ordnungswidrigkeiten*, 5. Auflage, München 2018, § 117 Randnummern 1–2, 9.

46. Benjamin Krenberger / Carsten Krumm, *Ordnungswidrigkeitengesetz – Kommentar*, 7. Auflage, München 2022, § 117 Randnummer 4.

47. Beuttenmüller (Fn. 14), S. 11, unter Hinweis auf Reichsgericht, Urteil vom 19. September 1894, *Praxis des Reichsgerichts in Civilsachen* 19 (1895), S. 35, und Christian August Hesse, *Die Rechtsverhältnisse zwischen Grundstücksnachbarn*, 2. Auflage Jena 1880, S. 310.

48. Kurt Tucholsky, »Das Ideal«, in: ders., *»Vorn die Ostsee, hinten die Friedrichstraße«*, Berlin 2019, S. 7.

Theodor Lessing, 1872 in Hannover in eine assimilierte jüdische Arztfamilie geboren, war nach Studien bei Edmund Husserl in Göttingen als Privatdozent für Philosophie und Pädagogik an der Technischen Universität Hannover tätig. Zahlreiche Artikel, Glossen und Feuilletons, in denen er sich gegen Nationalismus, Gewalt, Herrschaft und jede Art ideologischer Sinnstiftung wandte, machten ihn zu einem prägenden politischen Publizisten der Weimarer Republik. 1933 wurde Lessing in Marienbad von sudetendeutschen Nationalsozialisten ermordet.

Tilman Vogt, 1983 geboren, ist Verlagslektor und arbeitet in Berlin.

Magnus Klaue, 1974 in Berlin geboren, ist Literaturkritiker, Literaturwissenschaftler und Germanist. Er promovierte 2008 an der Freien Universität Berlin mit einer Arbeit über die Poetik Else Lasker-Schülers. Seit 2021 ist er assoziierter Forscher am Dubnow-Institut in Leipzig.

Jan Thiessen, 1969 geboren, ist seit 2017 Inhaber des Lehrstuhls für Bürgerliches Recht, Juristische Zeitgeschichte und Wirtschaftsrechtsgeschichte an der Humboldt-Universität zu Berlin.

Der Lärm erscheint als Buch der Friedenauer Presse. Gegründet wurde die Friedenauer Presse 1963 in der Wolff's Bücherei im Berliner Stadtteil Friedenau, dem sie ihren Namen verdankt. Der Verleger Andreas Wolff, Enkel des Petersburger Verlegers M. O. Wolff, veröffentlichte bis 1971 in loser Folge 36 Drucke. Von 1983 bis 2017 wurde der Verlag von Katharina Wagenbach-Wolff geführt, seit 2020 ist die Friedenauer Presse ein Imprint des Verlags Matthes & Seitz Berlin.

FRIEDENAUER PRESSE
Winterbuch

Erste Auflage Berlin 2023

Großbeerenstraße 57A, 10965 Berlin

info@matthes-seitz-berlin.de

Gestaltet und gesetzt von ciconia ciconia, Berlin.
Die Herstellung besorgte Hermann Zanier, Berlin.
Gedruckt und gebunden von Pustet, Regensburg.

ISBN 978-3-7518-0638-1

www.friedenauer-presse.de